猶太媽媽這樣教思考

教出守信用、能分享、會理財的好孩子

孫玉梅 著
愛立方專家顧問團 策畫

教養情境模擬測驗表

你的教養觀是哪一種？是嚴格虎媽、使命必達的直升機父母，還是「財」「智」過人的猶太媽媽？在翻閱本書前，透過下列40種教養情境模擬，勾選出你的教養方式。這份表格沒有標準答案，因為教養不能複製，但經由這份表格，爸爸媽媽可以更清楚自己的教養模式，也可以進一步看看猶太媽媽怎麼處理這些讓父母頭大的教養問題喔！（各題後頁碼標示，如P.027為本書相關主題的參閱頁碼）

1 如果家裡發生火災，每個家庭成員只來得及搶救一樣東西，你希望孩子搶救什麼？ P.030

□搶救玩偶小熊，表示他童心未泯。
□搶救存錢筒，讓他懂得錢財來之不易。
□搶救書籍，表示他明白閱讀的重要。

2 有些父母要求孩子從小背誦詩詞或文章，你贊成這種做法嗎？ P.033

□不贊成，孩子應該快樂成長，背誦詩詞會讓他們有壓力，造成心理負擔。
□贊成，閱讀能力必須從小培養，越小開始背誦，長大後記憶力越好。
□視年紀而定，如果孩子還太小，不理解文字意義，背了也沒有用。

3 孩子看完一本書後，產生許多疑問，你會怎麼做？ P.037

□請他自己去圖書館或上網查資料。
□表示孩子還無法掌握書的內容，應該拿一本較簡單的書，否則會讓孩子產生挫折感。
□不提供答案，而是問他更多問題，引導他學習思考。

4 想培養孩子閱讀的習慣，你認為哪個做法較恰當？ P.046

□孩子斷奶之後就可以開始，因為年紀越小，越容易吸收。
□在家中放許多書。
□要他每天在房間念書。
□孩子不識字，就念書給他聽，不理解也沒關係，閱讀量夠大就可以了。

5 孩子寫功課，遇到不會做的數學題，你會怎麼做？ P.054

□先告訴他答案，出幾道類似題型讓他做，多做幾次就會了。
□以生活中的實例引導他思考，自己找出答案。
□告訴他解題公式，要求他抄寫十遍，就能牢牢記住。

6 孩子不喜歡念書，還把課本和課外讀物亂丟，不懂得珍惜，你會怎麼做？ P.058

□孩子還小，懂什麼，幫他收起來就好了，小事一樁。
□斥責孩子不該亂丟課本，難怪書念不好。
□告訴孩子，書可以帶給我們智慧，要敬書、尊重書，當個愛書人。

7 和孩子共讀過程中，孩子沒有發問，你會怎麼做？ P.063

□表示他都懂了，可以換其他書了。
□表示他沒興趣，不用勉強。
□孩子可能不知道該如何發問，可以問幾個問題，讓孩子深入思考。

8 另一半平時工作忙碌，疏於陪伴孩子，難得放假，卻說想一個人好好休息，你會怎麼做？ P.068

□體諒他的辛勞，自己帶孩子出去玩。
□和他溝通，要求他盡責，因為教養是父母共同的責任。
□夫妻就該分工合作，一人負責家計、一人負責教育孩子。

9 你認為父母最重要的職責是什麼？ P.072

□提供舒適的環境，讓孩子不虞匱乏。
□制定許多生活準則，教導他成為有品德的人。
□盡力滿足孩子的需求，讓他感受到大量的愛。

10 你認為教導孩子理財時，應該包含「如何殺價」嗎？ P.078

□應該，因為這樣可以讓孩子瞭解商品的價值。
□不應該，因為這樣會讓孩子變得小氣。
□不應該，做生意的人很辛苦，不要為難他們。

11 你覺得應該讓孩子從小接觸金錢嗎？ P.083

□應該，越早知道如何運用金錢，將來越能善用金錢。
□不應該，太早接觸金錢會讓孩子變得市儈。

12 兩個親戚分別來家裡拜年，一位是教授，一位是清潔隊員，都包了紅包給你的孩子，你認為什麼教育方式比較好？ P.088

□告訴孩子，清潔隊員的工作很辛苦，要用功念書，長大才能當教授。
□告訴孩子，職業沒有貴賤，要尊重每一種行業。
□告訴孩子，工作不分貴賤，錢賺得越多越好。

13 鄰居有事找孩子幫忙，事後表示要給孩子報酬，你會怎麼做？ P.092

□讓孩子收下，並且灌輸孩子「有償服務，對助人者與受助者都是一種尊重」的觀念。

□不讓孩子收下，並且告訴孩子「助人為快樂之本」，避免孩子變得唯利是圖。

14 帶孩子去買東西時，你會藉機教導什麼購物觀念？ P.103

□教他如何比較價格，選擇便宜的商品。

□挑選高價商品，因為昂貴的東西品質比較好。

□根據自己的需要決定要買什麼東西，不必在意價格。

15 有些父母會與孩子訂定合約，雙方必須按照合約條款行事，任何一方違反都要受到懲罰。你覺得這個做法如何？ P.114

□沒有必要，這樣會讓孩子從小學會鑽漏洞。

□不太好，這樣做會讓親子之間變得疏離，不利於情感交流。

□很好，因為合約代表「誠信」，可以讓孩子瞭解守信用的重要性。

16 孩子做事老是拖拖拉拉，你會怎麼做？ P.119

□沒關係，與其做得快不如做得好。

□孩子有自己的生理時鐘，不用強迫，只要把事情做完就好。

□時間就是金錢，要求他制定每天的計畫，並且嚴格執行。

17 乘坐高鐵時，孩子無理取鬧、大聲哭叫，你會怎麼做？ P.128

□拿糖果給孩子吃，安撫他的情緒。

□要求孩子立刻停止，向車廂所有乘客道歉。

□哪個孩子不會吵鬧，不必在意。

18 你覺得「胎教」和孩子的品德有關嗎？ P.133

□有關。孕婦的身心狀況會影響胎兒，應該創造良好的環境。

□胎教是業者創造出來的詞彙，目的是賺孕婦的錢，孩子出生後的教育方式才是關鍵。

19 你會灌輸孩子「愛國」的觀念嗎？ P.137

□當然會，國家認同是前進的原動力。愛國的孩子，才會對社會有貢獻。

□不會，應該打破國家的概念，讓全球成為「世界村」。

□生存比較重要，如果國家太弱，就想辦法移民。

20 幾個孩子想要玩某個玩具而發生爭執，你會怎麼做？ P.141

□要求年紀較大的孩子禮讓年紀小的。

□要求孩子輪流玩，否則就沒收玩具。

□再買幾個一樣的玩具，讓每個孩子都能玩。

21 孩子一再犯錯，怎麼說都說不聽，你會怎麼做？ P.146

□孩子怎樣都說不聽時，應該痛打一頓，讓他永遠記住。

□口頭訓斥和適度體罰，讓孩子知道犯錯的後果，記取教訓。

□苦口婆心，不斷說理，直到孩子回頭是岸。

22 發現孩子會說謊，你該怎麼做？ P.151

□告訴孩子不可以說謊，否則鼻子會變長。

□要他抄寫「我不再說謊」一百遍，貼在牆上，時時警惕。

□孩子說謊通常是缺乏自信的表現，要予以引導。

23 孩子跟你出門時，說想幫助街友，你會怎麼做？ P.161

□告訴孩子，先顧好自己再管別人。

□教導孩子，助人是好事，要顧及對方尊嚴，給予真正幫助。

□孩子有同情心是好事，馬上給他錢去幫助街友。

24 孩子難過地說，班上有位同學很討厭他，經常說他壞話，你會怎麼處理？ P.166

□讓孩子學會寬容，並且學習和對方溝通。

□去找那位同學的父母，要求他們注意孩子的行為。

□一定是孩子有錯在先，要求他向對方道歉。

25 在路上看見生病的流浪狗，你會怎麼做？ P.172

□流浪狗會造成環境髒亂，立刻打電話報警。

□帶去給獸醫治療，藉機教導孩子要尊重生命。

□告訴孩子不要接近，以免生病。

26 因為搬家，孩子必須轉學，但在新學校適應不良，你會怎麼做？ P.177

□告訴孩子，要學習獨立和適應環境。

□跟老師溝通，請老師多照顧孩子。

□請同學到家裡玩，幫孩子建立人際關係。

27 孩子進入青春期，面對生理轉變、沉重的課業、複雜的人際關係，經常悶悶不樂，你會怎麼做？ P.182

□告訴孩子「每個人都有壓力，不要逃避」，以免他日後變成草莓族。

□告訴孩子「如果真的受不了，可以先休學」，畢竟快樂成長比較重要。

□告訴孩子「有煩惱是正常的，只要樂觀面對，一切都會迎刃而解」。

28 孩子很想要某個玩具，你會怎麼做？ P.193

□告訴他，只要連續三次考試都第一名就買給他。

□立刻買給他，以免他的心理產生匱乏感，造成陰影。

□請他自己存錢買，這樣可以讓孩子學會等待，並在等待中克制自己的欲望。

29 孩子個性比較怕生，你會怎麼做？ P.198

□幫他報名才藝班、參加比賽，訓練膽量。

□這是過於依賴的表現，父母應該檢討是否對孩子過分寵愛。

□尊重他的個性發展，不必干涉太多。

30 哥哥不小心把碗打破了，卻說是弟弟的錯，你會怎麼做？ P.203

□告訴孩子「發生問題時，要負起責任，不能把自己的過錯推給別人。」

□一定是兩個人都有錯，都要處罰！

□檢討自己平時是否管教過嚴，導致孩子害怕受罰而說謊。

31 孩子面對一道數學難題，無論如何都解不開，你會怎麼做？ P.208

□不強迫他完成，讓孩子學會放下，找出問題所在，等待能力提升時，再回頭攻下難題。

□鼓勵他「世上沒有做不到的事」，一定要繼續努力，知難不退才會成功。

□每個人的天賦不同，既然他沒有數理頭腦，就好好培養其他才能。

32 孩子兩歲了，經常隨處塗鴉，你會怎麼做？ P.219

□在家中設一面塗鴉牆，鼓勵他自由發展藝術才能。

□這是不好的習慣，禁止他再這麼做。

□幫他報名才藝班。

33 發現孩子最近經常和班上功課不太好的同學來往，你會怎麼做？ P.234

□立刻阻止孩子跟同學來往，以免成績退步。

□不干涉，每個人都有優點，鼓勵孩子學習他人優點，並以別人的缺點為借鏡。

□觀察一段時間，如果孩子功課退步，就不准他們往來。

34 孩子愛打電動，忘了做功課，此時你會怎麼做？ P.243

□把電動沒收，罰孩子三個月不准玩。

□陪他熬夜，把功課做完。

□告訴孩子要認真學習，先把功課做完才能玩電動。

35 親戚來家裡做客，幾個小朋友玩得很開心，到了練琴時間，孩子嚷著今天想休息，你會怎麼做？ P.243

□開心成長比較重要，一天不練習應該影響不大。

□學習要持之以恆，連一天也不能中斷，否則容易半途而廢。

□答應他，隔天增加練習時間就可以了。

36 孩子一回家就用手抓飯菜吃，你會怎麼做？ P.252

□孩子一定餓壞了，叫他多吃一點。

□請孩子先去洗手，再來吃飯，養成良好衛生習慣。

□孩子沒洗手就吃東西，表示自己廚藝過人，應該高興才對。

37 孩子做錯事情，不知檢討，你會怎麼做？ P.258

□不打不成器，打孩子一頓，叫他認錯。

□叫孩子到牆角罰站，好好反省。

□利用適當時機，教孩子時時刻刻反省自己的錯誤，開始新的生活。

38 孩子對長輩不敬，態度輕忽，你會怎麼做？ P.272

□反省自己是不是也這樣，所以孩子有樣學樣。

□告訴孩子，家中長輩的奮鬥史與家族史，讓孩子心存感恩，對家族更有認同感。

39 孩子不懂感恩和分享，把每件事都視為理所當然？ P.282

□要讓孩子過好生活，給他一切本來就是應該的。

□教導孩子，有好東西要跟別人分享，要感激親朋好友給予的幫助。

□長大就懂了，不用太在意。

40 孩子越大越有主見，堅持自己決定每一件事，你會怎麼做？ P.286

□孩子大了，翅膀硬了，就隨他去。

□告訴孩子，成年了可以自己做決定，但也要想清楚再做，而且要為結果負責。

□父母的話要聽，不給孩子自己作主的機會。

推薦

鼓勵孩子思考，讓他們選擇自己願意走的路

——李偉文（知名親子作家、閱讀教養達人）

雖然全世界所有民族的父母都同樣愛孩子，所有國家政府也都明白教育是未來的國力，但是我們大概也都同意，猶太人與華人對子女的用心和其他民族有點不同，我想是他們都會在孩子身上傾盡一切資源，希望孩子出人頭地。

但是，猶太人似乎與華人又有點不同。華人父母通常會以愛為名，「迫」使孩子遵循父母認為比較好的道路來走，比較不會與孩子講太多道理。但是猶太民族的父母會設計各種方式鼓勵孩子思考，然後讓他們選擇自己願意走的路。其中或許殊途同歸，但兩者的效果與動力是很不一樣的。國內很少有特別針對猶太民族的父母教養方式所寫的書，因此，這本《猶太媽媽這樣教思考》就更顯得可貴了。

推薦

讓孩子自己動手、動腦，擁有自己的想法！

——支藝樺（民視《消費高手》主持人）

每個孩子的個性特質不同，教育方法也因人而異。但我認為多聽、多看、多學習，是每個家長在教育工程中不可缺少的。這本書讓我有很深的感受，就像我先生常說：「讓孩子知道我們愛他，但不要對孩子太好！」凡事要讓孩子自己動手、動腦，不要幫他們做太多，甚至連問題的答案都告訴他們。很多家長覺得每天時間不夠用，乾脆幫孩子做比較快。久了，孩子就沒有自己的想法，也習慣聽指令做事，一沒有指令就不知道下一步該做什麼，甚至覺得日子好無聊。《猶太媽媽這樣教思考》給了不一樣的觀念、想法及做法，是本值得夫妻共讀的好書。

推薦

修一門猶太教育學分：多鼓勵孩子思考和發問吧！

——Sabi媽媽（知名部落客、猶太媳婦）

去過以色列旅遊的旅者，在領教了以色列比台灣貴二至三倍的高物價後，常會問，以色列人有石油之類的資源嗎？他們又是靠什麼產業維生呢？

「大腦！」Sabi媽媽總是不假思索地如此回答。

很多人都說猶太人聰明，Sabi媽媽的猶太先生就常驕傲地說：「我們猶太人還不到世界人口的百分之一，可是五分之一的諾貝爾獎得主都是猶太人。還有，提出相對論的愛因斯坦、ICQ創辦者、臉書的祖克柏……（講了一大串名單），全部是我們猶太人！」

難道猶太人果真是上帝的選民，所以上帝獨厚猶太人？

猶太人的出色，到底是天生的還是後天養成的？

Sabi媽媽的女兒今年六歲，三歲時上幼稚園，開始接受家庭外的學校教育。幼稚園教育以玩樂為主，沒有壓力；家長最大的責任，不是陪小朋友寫家庭作業（因為沒有家庭作業），而是陪讀。每個周末，幼稚園會借給小朋友一本書，裝在圖書專用袋（非平常使用的書包）中，鼓勵家長從孩子幼稚園起，就陪小朋友看書。三歲幼童看不懂文字，需要家長念。幼稚園老師會特別要求家長，不是「說故事」，而是要攤開書，和小朋友一起「念書」，念書的時候，還得用手指著文字，這樣小朋友可以一邊聽故事，一邊開始學認字。

從孩子三歲上幼稚園起，家長每年送給小朋友的禮物中，一定有書。猶太人愛讀書，就是這樣從小養成的習慣。

另外，幼稚園裡也教導孩子基本的數字與金錢概念。為此，他們設計了一天「市場日」。當天，小朋友會戴上藍色頭巾，把幼稚園當成市場，用1到9個數字，玩認識數字的家家酒遊戲。孩子五歲時，在幼稚園裡（和小學一年級同教室），開始學習初步的加減法概念。這時，學校老師會設計「一百元日」，並在「一百元日」的前幾天，學校會發給每個小朋友一個購物袋，讓小朋友畫上圖案、設計自己喜歡的購物袋（＝美勞課）。「一百元日」當天早上，家長帶著小朋友玩膩了的玩具到學校，交給家長志工分門別類、製作定價，並由家長志工們充當售貨員。小朋友則帶著自己設計的購物袋，和用真幣、真鈔影印的一百元，選購想買的二手玩具。

這個活動，讓小朋友從玩樂中學習到：買賣與金錢的概念、數字加減（原來，數學也可以玩著學）、經由二手玩具交換，做環保。

至於猶太人擁有天馬行空的想法、腦筋動得比別人快，只要和猶太家庭吃一頓家庭聚餐，就能明白箇中原因。Sabi媽媽的家庭聚餐，簡直是沒大沒小的辯論大賽！每個人都能質疑對方言論、發表自己的意見，不管對方是小子、老子還是老媽子！**猶太人的教育是：鼓勵思考與問問題，而非被動地全盤接受。無論家庭和學校教育，都是如此教小朋友。**老子、老媽子若不跟著動動腦，在家庭聚餐中，就會淪為插不上嘴的弱勢團體。

在以色列，Sabi媽媽多少跟著我家妹妹的學校修些猶太教育學分，只能和讀者分享我所看到和體驗到的小小經驗。藉由《猶太媽媽這樣教思考》一書，相信讀者更能瞭解猶太媽媽的教育方式，且進一步瞭解，猶太人的成就到底是天生，還是教出來的呢？

目錄

PART 1 思考vs.智慧

——懂得獨立思考的孩子，擁有一生受用的智慧

PART 2
金錢vs.理財
——孩子瞭解「金錢的能量」，才能建立理財意識

PART 3
品德vs.修養
——有好品德的孩子，長大才有好修養

PART 4 生活vs.生命

——樂觀生活的孩子，就能熱愛生命、勇敢面對困境

PART 5

家庭vs.家教

——溫暖的家庭，是給孩子最自然的家教

PART 6 傳統vs.未來

——尊重傳統、學會反省的孩子，才能積極面對未來

PART 1

思考vs.智慧

——懂得獨立思考的孩子，擁有一生受用的智慧

每個父母都期望孩子能夠熱愛學習與閱讀，然而往往花了再多錢買書，孩子卻寧願看電視、打電動，不肯靜下心來看書。事實上，原因在於這些孩子不曾體會閱讀的美好。在猶太家庭中，閱讀是最重要的一件事，因此從孩子一歲開始，他們會運用許多方法讓孩子愛書、敬書，進而培養看書、思考的習慣。

「吻甜書」儀式

——孩子愛書，才能體驗閱讀的美好

凡是有孩子的猶太家庭都會舉行「吻甜書」儀式，讓孩子在品嘗蜂蜜甘甜的時候，把對書籍的印象深刻地烙印在心中。只要孩子心中有了「書是甜的」這樣的印象，那麼，對孩子的初步教育就算是成功了。

二十五歲的孫莉是一家中外合資分公司的職員。她是一個好奇心很強的人，一向對於各國風俗十分感興趣，正好公司裡有不少外國同事，平時大家聚在一起，天南地北閒聊，讓她不用出國就能神遊天下，收穫頗豐。

最近公司來了一位猶太人，是知識淵博的學者型專家，據說是公司費了不少力氣才從總部爭取來的人才。孫莉聽說猶太人的教育方式非常獨具匠心，一直想瞭解猶太民族，而且她和丈夫孟磊正計畫生個小寶寶，可是他們不太瞭解孩子的教育問題，經常詢問身邊為人父母的朋友們如何教養孩子。於是，她打算抽空向這位猶太同事取經，看看猶太家庭如何教育孩子。

這位智慧超群的外國學者名叫維茲，是一個很和善的男人，聽說是兩個孩子的父親了。初來時，大家為他辦了一場歡迎會，孫莉和他聊得很投機，得知他決定最近要開始對小兒子約瑟夫進行早期教育，孫莉更感興趣了。

有天，維茲邀請同事們去他家吃飯，一方面感謝大家為他舉辦歡迎會，一方面介紹自己的家人給大家認識。這麼好的機會，孫莉便欣然同意了。

書是甜的，知識是可以品嘗的！

這一天，孫莉準時抵達維茲家，幾個同事已經到了。其中有些人正準備結婚，有些人跟孫莉一樣打算生孩子，對教育孩子的問題都很感興趣。他們愉快地聊天，話題圍繞著如何教育孩子。不一會兒，約好的同事都到齊了，聚會正式開始。維茲先向大家介紹他的家人，妻子安妮及六歲的兒子蓋圖和兩歲的兒子約瑟夫，然後宣布在聚會開始前，先進行一個家庭儀式。

「小劉，妳猜是什麼儀式？」一聽到儀式這兩個字，孫莉立刻聯想到宗教信仰，心裡又期盼又有些肅然起敬。

「等一下看看就知道囉。」小劉對她眨了眨眼。

在公司裡，小劉跟她關係最好，也準備生孩子，所以對於各種教育的話題也十分熱衷。

孫莉正要再說什麼，小劉推了推她，她向前看去，只見安妮雙手捧著一本《聖經》，拿出蜂蜜往《聖經》上滴了一點，然後將約瑟夫抱到《聖經》旁邊，讓他先聞一聞蜂蜜的味道，再去吻舔《聖經》上的蜂蜜。

「寶貝，這是什麼？」安妮用希伯來語詢問約瑟夫。

孫莉聽不懂希伯來語，就用手肘推推身邊的小劉，要小劉翻譯給她聽。

「媽媽，是書。」約瑟夫童言童語地回答。

「那麼你現在親吻的是什麼？」安妮又指指《聖經》上的蜂蜜，繼續問他。

約瑟夫一時無法分辨《聖經》上的東西到底是什麼，只好憑味覺回答：「甜甜的東西。」

「也就是說，書是甜的，對嗎？」安妮繼續引導他。

「是的，媽媽，很甜。」

安妮欣慰地摸他的頭，笑道：「孩子，永遠記住：書是甜的，能帶給你甜蜜的生活。」

「好的，媽媽，我記住了。」約瑟夫點點頭，抱著《聖經》又親吻了起來。

「小劉，這是怎麼回事？」孫莉看著這對母子的互動，覺得非常好奇，難道在《聖經》上塗蜂蜜讓孩子舔，也是一種教育？

「這是猶太家庭會進行的一個重要儀式：吻甜書。」小劉回答。

「吻甜書？」孫莉很詫異，世界上竟然有這麼一種儀式。

此時女主人安妮走了過來，而約瑟夫正抱著《聖經》不停地「吻」著，看來十分開心。

「是啊，約瑟夫到了開始懂事的年紀，」安妮應該是下過一番工夫，中文說得比丈夫好一些，「這個時候，我們就會教孩子讀書。我們認為孩子必須從《聖經》開始學起，所以會在《聖經》上抹蜂蜜，讓孩子去吻舔，讓孩子在剛接觸書時，留下一個好印象。」

安妮一邊說，一邊露出慈愛的目光望向約瑟夫。約瑟夫把那些蜂蜜舔完了之後，開始對手中的《聖經》感興趣，不停地左右翻閱。過了一會兒，竟然在家裡四處尋找起來，只要看見書，就開心地跑過去親吻。

維茲家的「吻甜書」儀式十分順利地完成了。

孫莉看著約瑟夫伸著小舌頭舔書的可愛模樣，開始覺得那本書就算沒有蜂蜜也是甜滋滋的，讓人忍不住也想拿來舔一舔呢！

猶太智慧教養 1

閱讀興趣不是與生俱來，是培養而來

在猶太家庭中，有一個世代相傳的習慣：書或書櫃必須放在床頭的位置，如果放在床尾，就是對書的褻瀆、不敬。這是他們敬書、愛書最直接的表達方式。

「吻甜書」的儀式則表達了猶太人對書的虔誠。這種敬書之道，正是我們現今欠缺的。

凡是有孩子的猶太家庭都會舉行「吻甜書」儀式，讓孩子在品嘗蜂蜜甘甜的時候，把對書籍的印象深刻地烙印在心中。

只要孩子心中有了「書是甜的」這樣的印象，那麼，對孩子的初步教育就算是成功了。

> 「吻甜書」儀式可以讓孩子從小對書籍留下比較好的印象，引導孩子對書產生興趣，這種興趣會伴隨著孩子，讓孩子一輩子都喜歡書。

另外，「吻甜書」儀式除了讓孩子對書有個好印象，進而喜歡書，還能讓孩子對書產生尊敬之意。

這就是猶太人幼兒教育的成功之處——讓孩子從興趣出發。興趣不一定是與生俱來的，有時候，可以在父母的幫助和影響下逐漸培養出孩子的興趣。

讓孩子瞭解書籍的重要性

——書是一生的智慧，智慧是一生的財富

每個人的心目中，都有一個最重要的東西，一旦發生意外，就會想到這樣東西。這可能是家人，也可能是錢財，但猶太人將書籍和智慧置於所有事物之上，並且將這種觀念灌輸給孩子，世代相傳。

「吻甜書」儀式讓孫莉大開眼界，拚命拉著小劉興奮地說，自己以後有了孩子也要這麼做。小劉連連點頭，信誓旦旦地說以後也要進行吻甜書儀式，讓孩子好好親近書。

本以為「吻甜書」儀式已經充分體現了猶太人的教育特色，沒想到接下來發生的事情，又讓孫莉驚嘆不已。

「約瑟夫寶貝，過來一下！媽媽有問題要問你。」看見兒子四處找書，安妮微笑著把約瑟夫叫到身邊，問道：「寶貝，媽媽問你，如果有一天我們的家失火了，所有東西都會被大火燒毀，你只能帶一樣東西逃跑，你會選擇什麼？」

「帶走我的小熊。」約瑟夫對媽媽說。小熊是父母送給他的生日禮物，他一直很喜歡，晚上都要抱著它入睡。

但是安妮似乎不太滿意這個答案，搖著頭繼續引導他：「約瑟夫，你再想一想，有沒有一

種東西，對你來說十分重要，剛才你還很喜歡它的味道喲！」

難道是蜂蜜？孫莉好奇地猜想，並期待著約瑟夫的回答。

猶太家庭的傳統問答：發生火災時，你先搶救什麼？

「糖，甜的，蜜……」果然，約瑟夫也是想到蜂蜜，開心地揮舞著雙手，輕輕拍打書籍。但是安妮仍舊搖搖頭，說道：「不是蜂蜜哦。寶貝，再想一想，這個東西可能沒有形狀，也沒有顏色或是氣味，但是它真的很重要，如果你帶著它逃跑，會得到比現在更多的小熊和蜂蜜。寶貝，再仔細想一想，會是什麼呢？」

「能得到十隻小熊嗎，媽媽？」約瑟夫問道。

「當然，只要你願意，它會帶給你很多東西，而且會跟隨你一輩子。」安妮循循善誘，慈愛的目光悄悄掃過約瑟夫還緊緊抱在手中的《聖經》，慢慢引導他找到正確答案。

沒想到約瑟夫聽不懂她的暗示，絞盡腦汁想了又想，最後無助地垂下腦袋，回答：「對不起媽媽，我想不出來它是什麼。」

「沒關係！寶貝，低頭看看你手裡拿的是什麼。」安妮看他真的想不出來了，一邊安慰他，一邊笑著撫摸他的頭，繼續詢問：「告訴媽媽，這是什麼？」

「書，甜甜的。」這次約瑟夫立刻回答出來了，還不忘舔舔嘴角，回味蜂蜜的味道。

「是的，孩子，它是書。」安妮點點頭，繼續說道：「如果有一天，房子著火了，你首先

要救的東西不是你的小熊，也不是財物，而是書。書中有你日後需要的一切，包括錢財和物品。有了書，你就擁有智慧；有了智慧，你就會擁有想要的東西。而且，智慧是任何人都搶不走的東西，大火也無法將它燒毀，明白嗎，孩子？只要你還活著，智慧會跟隨你一生！」

約瑟夫顯然無法理解這麼深奧的道理，不過他還是認真地點點頭，對安妮說：「好的，媽媽，我記住了，要救書。」

「很好，孩子。」安妮對於他的回答十分滿意，抱住兒子誇獎他，並遞給他一塊甜餅，以示鼓勵。

「這可是猶太家庭中的傳統問答啊！沒想到我能親眼看見、親耳聽到。」小劉激動地用力抓著孫莉的手。

「什麼傳統問答？」孫莉有些摸不著頭緒，什麼傳統問答？雖然剛才安妮和約瑟夫的問答確實有些怪異，而且答案引人深思，但也不至於讓小劉激動成這樣吧？她心裡暗想。

「就是剛才安妮和約瑟夫的對話呀。幾乎每個猶太父母都會問孩子這類問題，這就是猶太家庭經典的傳統式問答。怎麼樣，聽完之後是不是覺得很有教育意義？」小劉興奮地說。

擁有智慧，才能擁有財富

孫莉點點頭，覺得意義深刻，印象也十分深刻。她從來不知道，會有父母去問孩子這個問題，而且答案也令她感到意外——當她聽到安妮的問題時，心裡也在想，應該帶著存摺還是應該抱著筆記型電腦逃走。沒想到答案竟然是裝載了智慧的書！

「看來，我們要向維茲一家學的東西太多了。」她感嘆道。

「那當然！」小劉深有同感地點頭，拉起她向安妮走去，「我現在就要向安妮再多學點東西。猶太人的家庭教育太棒了！」

每個人的心目中，都有一個最重要的東西，一旦發生意外，就會想到這樣東西。這樣東西可能是家人，也可能是錢財，但猶太人卻將書籍和智慧置於所有事物之上，並且將這種觀念灌輸給孩子，世代相傳。

初看這個問題，有些人可能會覺得不可思議，因為一旦真的遇到大火或其他災難時，一般人總是會選擇身外之物，比如錢財、物品等。猶太人卻選擇救書，而捨棄其他身外之物。這是他們從小就被灌輸的想法，而他們也將這種想法灌輸給下一代。

讓孩子對書籍感興趣，只是猶太人教育孩子的第一步。他們真正的目的，是讓孩子瞭解書籍的重要性：書是智慧的象徵，有了書，才會擁有財富及其他一切事物。

因而，一旦發生意外，書籍是第一件要搶救的重要東西。

開發記憶力，從「背多分」開始？

猶太人認為，唯有讓孩子從小背誦，才能提升孩子的記憶力。孩子開始背誦的時間越早，記憶力提升得就越快。所以，父母想要開發孩子的記憶力，應該及早進行，這樣才能有效鍛鍊孩子的記憶力。

孫莉的公司準備舉辦一場宴會，要邀請近幾年來公司的客戶及相關人士，藉此聯絡一下感情，並探討未來的發展合作計畫。

可是孫莉也不知道那一刻腦子裡哪根筋斷了，滑鼠一點，就把聯絡人的電子檔覆蓋了，名單和電話全部不見了。

「怎麼辦，怎麼辦啊！」經理要求今天下午務必發出全部的邀請函，可是現在名單和聯繫方式都不見了，該怎麼辦？她氣急敗壞地搜尋著電腦檔案，希望能把資料找回來。

但是她忙了半天，遺失的檔案還是找不回來。「慘了慘了，這下我完蛋了。這份名單我花了兩天才整理好，裡面還有座次安排等事項，就算現在憑記憶重新弄，也只能記起三分之一左右，剩下的再怎麼趕也要一天一夜，這下可怎麼辦？今天下班前就得把邀請函發出去，時間怎麼算都來不及啊！我要被經理罵死了。」

孫莉一想起經理生氣時的「恐怖」模樣，腦子就更亂了，連記憶中僅存的三分之一內容，也快忘光了。

背《聖經》，培養孩子的背誦習慣

「妳先別急，」不知道什麼時候，維茲站在了她身後，「這份檔案我看過，妳先把妳記得住的在中午之前給我，能做到嗎？」他問。

孫莉用力地點頭，馬上坐到電腦前，努力回想檔案裡的名單和資料。

下午一點半，維茲興高采烈地抱著筆記型電腦來找孫莉，「孫莉，妳看一看名單。」

「總共一百一十三個人，沒錯！維茲，你真厲害，你是怎麼記住這麼多人的？」孫莉驚訝地問道。

「靠這裡記下來的。」維茲笑著指指自己的腦袋，「這是我們猶太人最自豪的。」

「真厲害！」孫莉不禁感嘆，突然想到那個可愛的男孩約瑟夫，便說：「約瑟夫說不定會遺傳你的高智商，將來記憶力搞不好比你還棒呢！」

「他現在記憶力就不錯啊，已經能完整背誦一整頁的《聖經》內容了。」維茲自豪地說。

「天哪，簡直太不可思議了。」距離上次的家庭聚會也才一個星期而已，一個兩歲多的小男孩，竟然可以背誦《聖經》了！在孫莉的印象中，《聖經》的內容是很抽象、難以理解的。

「他看得懂嗎？」

「不需要看得懂，他現在只要會背就可以了。」說到這裡，維茲突然像是想起了什麼似的。接著，他對孫莉和小劉說道：「對了，安妮說很喜歡和妳們交流關於教育孩子的問題，歡迎妳們常去我家做客。」

「真的？」孫莉高興地說，「那我今天下班可以去拜訪嗎？我真的覺得太不可思議了，如果不是親眼看到，實在很難相信小約瑟夫能夠背誦《聖經》。」雖然很不禮貌，但她還是表達了自己的疑惑。

「當然可以，不過，妳現在最好還是把手上的工作盡快做完。」維茲莞爾一笑，攤開雙手朝經理辦公室的方向看了一眼。孫莉馬上明白他的意思，連忙把握時間，終於在下班之前將邀請函全部寄出去了。

下班後，孫莉和老公孟磊及小劉一起前往維茲家。安妮熱情地接待他們，並告訴孫莉，小約瑟夫確實已經能背完《聖經》一整頁的內容了。這個星期開始，他們準備讓約瑟夫提高效率，看看能不能背完兩頁。

「太棒了。」孫莉驚嘆，「我一定要考考他。」說完，便叫來小約瑟夫，翻開《聖經》讓他背出第一段的內容，他果然能背下來。

「最後一段呢？」她繼續考他，而約瑟夫只是皺皺眉頭，想了一會兒，雖然不是很流利，但還是背了出來。

當然，是安妮和她六歲的兒子在旁充當翻譯，她才「聽」懂的。這下她澈底相信了，兩歲的孩子真的可以背誦《聖經》。

越早開始背誦，記憶力越好

猶太人向來以絕佳的記憶力而自豪，這並不是他們天生聰明，而是從他們兩、三歲開始，父母就讓孩子背誦《聖經》，每天背誦一部分，並且養成習慣。

猶太人認為，唯有讓孩子從小背誦，才能提升孩子的記憶力。孩子開始背誦的時間越早，記憶力提升得就越快。所以，父母想要開發孩子的記憶力，應該及早進行，才能有效鍛鍊孩子的記憶力。

事實上，猶太父母所謂的背誦，更準確地說應該是重複朗誦。每天抽出一點時間，讓孩子不停地重複誦讀一段文字，大約讀十五、六遍之後，讓孩子休息一會兒，再繼續重複誦讀，直到孩子熟悉這段文字，能大致複述出來為止。這樣持之以恆，就能達到很好的效果。

當然，兩、三歲的孩子不可能理解背誦內容的深層含義，而猶太父母自然也明白這個道理，所以他們讓孩子背誦，目的不是讓孩子明白其中的意義，而是先背下內容，等到記憶力獲得有效訓練之後，再要求孩子慢慢理解背誦內容的含義。

訓練孩子獨立思考
——問題背後的問題，才是關鍵！

猶太家庭非常重視《塔木德》這本書，甚至可以說，只要有猶太人的地方，就有《塔木德》。在猶太家庭裡，父母會將《塔木德》送給孩子，指導孩子學習書中的內容，學習書中的智慧之言，並讓孩子逐漸學會獨立思考。

自從見識了小約瑟夫的「本領」後，孫莉完全折服於猶太式的教育方法，恨不得馬上生一個小寶寶，每天去向安妮請教如何教養孩子。可惜，她變不出一個活蹦亂跳的可愛寶寶。好在她和安妮一見如故，幾次交談下來，共同的話題也越來越多。只要一有時間，她就會和安妮一起逛逛街、逗逗小約瑟夫和蓋圖，聊一聊教育孩子的話題。

相處久了，孫莉發現：不論是在安妮家裡，或是兩人帶著孩子一起出去玩，安妮總是隨身帶著一本書，而且她的大兒子蓋圖也會帶一本相同的書。

孫莉心想，如果安妮想在休息時看看書，消遣一下，是可以理解的。不過一連幾次都帶同一本書，不免讓人疑惑。

據她所知，猶太人看書的速度很快，不可能過了兩、三個星期還沒看完一本啊，難道是這本書太有趣了，不論看幾遍都不會膩？

蓋圖才六歲，孩子跟媽媽看一本書，該說孩子太聰明，還是媽媽太幼稚了呢？

猶太人的思考智慧：兩個人都掉進煙囪裡，誰會去洗澡？

雖然很好奇安妮為什麼執著於同一本書，但是因為一直沒有機會把話題引到那本書上，孫莉也就一直沒機會問。

這個週末，安妮約孫莉在家裡碰面。孫莉進門的時候，安妮和蓋圖正面對面坐在一張桌子前，兩人各自拿著她之前看過的那本書，偶爾還會針對書上的內容討論一番。

「安妮，妳和蓋圖到底在看什麼書？我發現，不管是在家裡還是外出，你們都把這本書帶在身上。」她好奇地詢問。

「這是……」安妮正要回答，蓋圖突然跑到孫莉身旁，拉著她說道：「孫阿姨，我問妳一個問題好不好？問完，妳就知道這是什麼書了。」這個小男孩真調皮，竟然賣起關子來。

由於經常和這家人來往，孫莉已經很熟悉蓋圖的個性，知道他特別淘氣，總愛捉弄人。現在孫莉一看到蓋圖故弄玄虛的樣子，就知道他肯定是要捉弄她，於是輕咳一聲，坐在桌前說道：「問我問題？看你這樣，是不是覺得我一定沒辦法回答你的問題啊？蓋圖，你最近好像越來越小看阿姨了。」她雙手環抱，不服氣地繼續說：「好，你問吧，要是我回答得出來，你就要答應我一個要求。」

「沒問題，要是阿姨回答不出來，也要答應我一個要求。」蓋圖顯得信心十足。

「沒問題，你問吧。」

「好，孫阿姨聽清楚了喔。」蓋圖高興地咧開嘴，笑著問：「如果有兩個人掉進煙囪裡，出來的時候，一個人身上很髒，另一個人很乾淨，那麼這兩個人誰會去洗澡呢？」

「噗……」蓋圖才剛問完，安妮就笑了起來。

孫莉完全不懂這對母子究竟在賣什麼關子，這個問題明明很簡單啊，於是她馬上回答：「當然是弄髒的人去洗澡啦！」

「哈哈！錯了！」

「錯了？怎麼可能！」

「因為乾淨的人看見弄髒身體的人，以為自己也很髒，所以，乾淨的人會去洗澡啊！」

孫莉一想，連連點頭，「對喔，髒的人看見乾淨的人，以為自己很乾淨，所以沒必要去洗澡。答案竟然是這樣啊！」她完全折服了。

「那麼，孫阿姨，接下來的問題是，當這兩人又掉進煙囪裡，誰會去洗澡呢？」

「乾淨的人！」孫莉想都沒想就立刻回答。

「哈哈！又錯了！」蓋圖高興地大喊，安妮也忍不住笑了出來。

「為什麼？」

「因為這次弄髒的人已經知道為什麼第一次乾淨的人會去洗澡了啊，因為他自己髒嘛，所以他就去洗了。」

「啊……怎麼會這樣？」

「第三個問題是，當他們第三次掉下去，一個人髒，一個人乾淨的時候，誰會去洗澡？」

「這個……」孫莉不敢再立刻回答，陷入了沉思。髒的？乾淨的？乾淨的？髒的？反反覆覆，不停琢磨，最後不太肯定地回答：「都去洗澡？」

猶太智慧教養4

引導孩子習慣發問，而非習慣標準答案

「錯！」蓋圖絲毫不留情面地說：「孫阿姨，妳見過兩個人同時掉進煙囪，卻一個人髒、一個人乾淨的嗎？所以，對於這個問題本身，妳就該提出質疑。」

「啊？是這麼一回事嗎？」孫莉越聽越糊塗了。

「這就是我和媽媽在看的書《塔木德》，一本告訴我智慧是什麼的書！」

蓋圖很自豪地為孫莉介紹他手中的書。

《塔木德》是猶太人用來學習、探討生活的智慧來源。

「塔木德」的意思是「鑽研和研習」，這本書裡彙聚了很多猶太人的智慧，可以說是猶太人的「智庫」，在猶太人的生活及學習方面發揮非常大的作用。

《塔木德》是猶太人宗教之外的經典之作，是由眾多學者歷經將近十個世紀所編寫出來的智慧之泉，書中包含各式各樣的問題，但是對於每個問題都不會給予肯定的解答，而是讓人們自己去思考，尋找問題的答案。

猶太家庭很重視《塔木德》，甚至可以說，只要有猶太人的地方，就會看見《塔木德》。

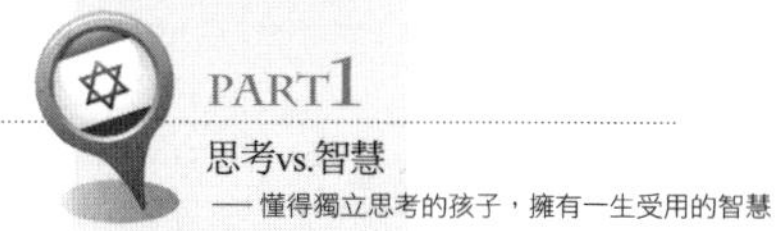

在猶太家庭裡，當孩子有了一定的理解能力之後，父母就會把《塔木德》送給孩子，指導孩子學習書中的內容，學習書中的智慧之言，並讓孩子逐漸學會獨立思考。

《塔木德》是猶太人宗教之外的經典之作，書中包含各式各樣的問題，但是對於每個問題都不會給予肯定的解答，而是讓人們自己去思考，尋找問題的答案。

孩子念書不專心？——教孩子體認學習是大事，專注是必要的事！

猶太父母十分重視孩子的教育，他們將教育孩子學習知識、開發智慧視為神的旨意，指導孩子要把學習當作一件神聖的事情，必須認真進行。猶太父母不僅這樣要求孩子，還會以身作則，為孩子做好榜樣。

蓋圖已經到了上幼稚園的年齡，聽安妮說，他曾經在幼稚園待過一段時間，不過由於在溝通方面還有些困難，安妮覺得蓋圖在幼稚園的學習情況不太理想，就和維茲商量，不讓他去幼稚園，而是自行在家教育蓋圖和約瑟夫。

這天下班的時候，孫莉才剛收拾好東西，就聽到維茲在身後叫她。她轉過頭問：「維茲，還有什麼需要我幫忙的嗎？」

「沒有。」維茲一邊搖頭，一邊走過來解釋道：「妳不是說想買一本《塔木德》嗎？安妮昨天收拾房間的時候正好發現一本舊的《塔木德》，本來是要我今天上班的時候帶給妳，可是我到公司才發現忘了帶，剛才聽小劉說妳下班要去書店，怕妳是為了去買這本書，所以趕快叫住妳。」

「我還真的想去買這本書呢，謝謝你告訴我，不然就多花錢了。」孫莉連忙道謝，想了一下，問道：「你待會兒是不是還要開會？」

「是的，開完會好像還要聚餐。」維茲答道。

學習要專心，做事要專注

「太好了！」孫莉高興地擊掌。維茲卻苦笑著說：「這可不是件好事，我寧願回家陪孩子們吃飯。」

「所以我會代替你去陪安妮和孩子們吃飯，順便去拿書。」孫莉眨著眼睛對他說。「我老公今天也要開會，不能回家吃飯，我正在想一個人吃飯怎麼解決呢。現在正好，我馬上打個電話給安妮，現在就過去。維茲再見，好好開會吧！」說完，揮手就向外走去。

孫莉在路上買了幾塊蛋糕，趕到安妮家時，晚飯還沒有做好，小約瑟夫跟在安妮身後，十分好奇地在廚房裡看她做飯，而蓋圖則坐在書桌前，很認真地在看一本書。

她把蛋糕分給約瑟夫一塊後，又拿了一塊來到蓋圖桌前，和藹地問他：「蓋圖，阿姨帶了蛋糕過來，你要不要吃一塊？」

「……」蓋圖連頭也沒抬，依舊埋頭看著桌上的書。

「蓋圖？要不要吃蛋糕？」孫莉以為他沒聽到，提高了音調，又問一遍。

「……」可是他仍然埋頭看書，沒有回答。

「蓋圖，為什麼不理阿姨？你不想吃蛋糕嗎？」

「唉……」蓋圖終於開口，卻是一聲重重的嘆息，之後接著說：「孫阿姨，我在看書的時候必須集中精神，請不要跟我說話，也不可以用食物來誘惑我，雖然我的肚子確實餓了，但我必須認真地把書看完，否則，神會懲罰我。」

「蓋圖，不可以這樣跟阿姨說話，」這時，安妮從廚房裡走了出來，對他說道，「雖然認真學習是正確的，但是你應該先跟阿姨道謝，這是禮貌，懂嗎？」

「好吧，我懂了，阿姨謝謝妳，等我看完這本書之後，再去吃蛋糕。」

「哦，原來如此啊！」孫莉一副恍然大悟的樣子，把蛋糕放在書桌上後，走到安妮旁邊，拉著她的手問道：「安妮啊，蓋圖平時都這麼認真看書嗎？」

「是的，我和維茲從小就這樣教育孩子們，不僅是看書學習的時候，平時在做任何事情都要專心，因為這是一件非常神聖的事，馬虎不得。」

「雖然我也明白這個道理，不過看到蓋圖這麼聽話，還是讓我很吃驚。要他認真學習，他就這麼認真學習？還是妳用了其他方法來教育孩子？」

猶太智慧教養 5

教育孩子學習知識，是人生的第一件大事

安妮笑著說道：「我和維茲從小就教育他，要用神聖的態度看待學習，而且平時我和維茲也會以身作則，有時間就認真看書，所以蓋圖在我們的影響下養成了認真學習的好習慣，這在猶太家庭中是很普通的事情。」

如此認真地學習是很普通的事情？孫莉還真是無法想像一家人埋頭看書是什麼樣的畫面。

猶太父母十分重視孩子的教育，他們將教育孩子學習知識、開發智慧視為神的旨意，指導孩子要把學習當作一件神聖的事情，必須認真進行。

猶太父母不僅這樣要求孩子，還會以身作則，為孩子做出好榜樣，陪孩子們一起認真地讀書學習，教育孩子們如何發現並掌握書籍以及生活中的智慧。

猶太父母認為教育孩子學習知識是人生中的第一件大事，所以不管平時多麼忙碌，都會抽出時間陪孩子一起看書學習，和孩子們討論人生的真諦。因為他們明白，只有父母為孩子打造良好的學習環境和基礎，孩子才能把學習當作一件需要認真對待的事情，主動在書中不斷地汲取智慧。

猶太父母認為教育孩子學習知識是人生中的第一件大事，只有父母為孩子打造良好的學習環境和基礎，孩子才能把學習當作一件需要認真對待的事情。

孩子的教育不能等
——從一歲開始培養記憶力和分析能力

猶太父母在孩子斷奶之後就會開始進行教育。因為孩子斷奶之後，漸漸有了接受知識和事物的能力，越早對孩子進行教育，孩子的智慧潛能也就越早被開發出來。讓孩子變得越來越聰明，父母的教育才會有效地體現出來。

吃過晚飯後，孫莉接到老公的電話，聽說她正在安妮家做客，便說一會兒要過來接她。聽老公這樣說，孫莉也就不急著離開，幫安妮收拾好碗筷後，就陪著她和孩子們玩了起來。

「阿一……」正在跟安妮聊《塔木德》的內容時，突然傳來一個稚嫩的聲音，孫莉轉頭一看，原來是小約瑟夫，一臉可愛的笑容，伸手拉她的衣角，嘴裡喊著：「阿，阿一……」

雖然發音不太標準，但她還是聽得出來，小約瑟夫是在說「阿姨」兩個字。她激動地抱起他，回頭跟安妮說：「約瑟夫會說中文了，妳聽，他在叫我阿姨呢！這是他第一次開口說中文嗎？如果是這樣的話，約瑟夫先學會叫的是我，我好高興啊！」

「孫莉，我不是要打擊妳，」安妮遺憾地對她說，「雖然不知道他是從哪裡學會叫阿姨的，但是在這之前，我們已經教會他用中文喊爸爸媽媽了，雖然發音也不太標準。」

「沒人教就學會了？天哪，這孩子一定很喜歡我，安妮，讓我當約瑟夫的乾媽吧，好不好？我太喜歡他了。」她開心地一手抱著約瑟夫，一手拉著安妮向她懇求。

年紀越小，越容易接受新事物

「哼！」這時，一旁的蓋圖顯得很不高興，雙手抱胸，有些生氣地說：「約瑟夫才不喜歡妳，是我看他太笨，連阿姨也不會叫，所以才教他。孫阿姨，看來妳自作多情了！」

「原來是你教的啊！」孫莉看他情緒有點不對勁，猜想是嫌她疼愛約瑟夫而忽略了他的存在，所以就佯裝失望地嘆氣。

蓋圖見她這樣，顯得更加不開心：「阿姨，妳好像很失望喔？」

「怎麼會失望呢？阿姨好高興，原來不只約瑟夫喜歡我，連蓋圖都這麼喜歡我呢！安妮，兩個孩子都給我當乾兒子吧，怎麼樣？」孫莉一手抱住一個，使勁在兩個孩子臉上蹭著。

蓋圖的臉微微泛紅，不好意思地推開她道：「哼！不要！約瑟夫也不會願意的。媽媽，我抱弟弟去那邊看書，不跟阿姨說話了！」說完，就從她懷裡抱走約瑟夫，到另一個房間去。

安妮忍不住笑了起來，「這孩子……哈哈，孫莉，看來蓋圖真的很喜歡妳，他看妳這麼疼約瑟夫，都吃醋了。」

「還真是的，不過蓋圖真聰明，連自作多情這個詞都會用了。安妮，妳到底是怎麼教他的？」孫莉好奇地問。

「怎麼教的？從他們斷奶之後，我和維茲就開始教育他們了。」

「啊？剛斷奶的孩子，什麼也不懂，恐怕連話也不會說吧？只會睡覺玩耍，怎麼可能學東西呢？」她不由得吃了一驚。

「其實孩子越小，越容易接受新的事物。雖然長大後，他們可能不記得當時都學了些什麼，但是那些知識確實已經深刻地印在他們的腦海中，或許哪天他們遇到問題時就會記起來，能夠幫助他們解決各種問題。」安妮解釋道。

「是真的嗎？」孫莉問。

「當然是真的。」安妮點頭，繼續說道：「而且，越早接受家教的孩子，也越容易吸收其他新的知識。就拿蓋圖來說，他比我一個親戚家的孩子還小兩歲，但是記憶力和分析能力都比那個孩子強一些。這就是我在蓋圖一歲之前就開始教他讀書看畫的結果，而親戚家的孩子則是從三歲才開始接受教育，記憶力和分析能力都略遜一籌。」

猶太智慧教養 6

教得越早，潛能開發得越好

「雖然我也聽說過孩子越早接受教育越好，不過，沒想到一斷奶就開始受教育真的有用。安妮，我以後有了小孩，也要在他斷奶之後就開始教育他，謝謝妳告訴我這些。」孫莉趕緊從隨身背包裡取出一個小本子和一枝筆，把剛才的內容記下來。

本子的頁眉處寫著「猶太家庭的教子守則」、「蓋圖和約瑟夫的學習經驗」等內容，她把從安妮一家學到的教子經，都很詳細地羅列在本子上面了。

在《塔木德》中有這樣一段文字：一個東西不使用，就難以評價它的作用。同樣地，如果不試著把新的知識教給孩子，就不知道孩子是否能接納新的知識。這樣一來，孩子們的潛能就無法得到開發和利用。

所以，父母不能因為孩子年齡還小，就不把知識教給他們。

此外，這段文字正好說明了猶太父母為何在孩子斷奶之後就開始進行教育。孩子斷奶之後，已經漸漸有了接受知識和事物的能力，越早對孩子進行教育，孩子的智慧潛能也就越早被開發出來。讓孩子變得越來越聰明，父母的教育才會有效地體現出來。

正是基於這樣的觀念，所以猶太家庭從孩子斷奶之後就對孩子進行家庭教育，唯恐慢了一步就會耽誤孩子。不讓孩子輸在起跑點上，這是每位猶太父母最迫切的心願。

孩子斷奶之後，已經漸漸有了接受知識和事物的能力，越早對孩子進行教育，孩子的智慧潛能也就越早被開發出來。

「讀」你千遍也不厭倦？

——教導孩子反覆閱讀，理解書中的智慧

「讀一百零一遍，比讀一百遍好！」《塔木德》這樣教導猶太人，而猶太父母也這樣鼓勵孩子們，讓孩子們多接觸書、多讀書，養成良好的讀書習慣。此外，他們會要求孩子多讀幾遍書，因為他們認為，必須要一遍遍地讀，努力思考書裡的內容，才能真正理解書中的智慧。

孫莉正在安妮家玩，孟磊和維茲並肩說笑著走了進來，安妮連忙起身去廚房準備新茶。

「老公，你打個電話要我下去不就好了，現在還要麻煩安妮再泡一次茶。」孫莉有些過意不去，維茲卻笑著擺手說道：「客人已經到了家門口卻不請進來坐坐，我可做不出這麼失禮的事，妳不要怪他，是我硬拉著他進來的。」

孟磊也笑道：「我都拿出手機要撥號了，維茲突然叫住我，嚇了我一跳。」

「真是不好意思，哈哈……」維茲大笑。

看他們兩個男人興高采烈地聊了起來，孫莉也不想去打擾他們，就進了廚房去找安妮。

「安妮，有需要幫忙的嗎？不用泡茶了，我和孟磊再坐一下就要走了。怎麼還準備吃的？妳老是這麼客氣，我們以後真的不敢再來了。」一進廚房，她就看見一個托盤上放了滿滿的零食，心裡有些過意不去。

「沒關係，反正時間還不算晚，邊吃邊喝、聊一聊。妳幫我端出去，我去幫妳把《塔木德》找出來。」安妮將托盤交到她手裡，兩人一前一後出了廚房。

阿姨，這本書，我至少讀了一百遍……

孫莉把茶點放在客廳的茶几上。不一會兒，安妮就捧著一本書走了過來，「孫莉，給妳，就是這本。雖然有些舊了，但內容一點也不少。」

「謝謝。」孫莉一邊道謝，一邊接過了書。封面有些泛黃，精裝封面的四個角有些磨損的痕跡，看來已經放了一段時間，還真是有點破舊。

「這本是蓋圖剛學中文時用的，沒想到這孩子這麼愛讀書，竟然才兩年就把這本書翻成這副模樣了，呵呵……」安妮笑道。

孫莉打開書翻看，發現這是一本雙語讀物，翻譯得通俗易懂。不過書的內容她還沒看多少，就發現了另外一件事。

「安妮，這是蓋圖兩年前看過的書？」她有些吃驚地問道。

安妮點了點頭，算是回答了她的問題，接著問：「有問題嗎？」

「不是，我只是好奇蓋圖到底把這本書翻了多少遍，才會讓這本書上很多字都快磨光了。」她說完，又將視線移到那本《塔木德》上。雖然並不是每一頁都有磨損，但確實有很多地方像是被翻看、摩擦了許多遍，字跡有些模糊。

「這本書很不錯，那段時間我根本是每天都抱著它呢。」蓋圖不知道什麼時候從房間裡走了出來，聽到她們的對話，便插嘴說道：「孫阿姨，妳猜猜，這本書我看了多少遍？」

「嗯？你好像真的很喜歡這本書……看了兩、三遍？不過有些地方應該是比兩、三遍更多……七、八遍？」孫莉一邊觀察書的磨損程度，一邊猜測。

蓋圖笑了起來，自豪地回答：「阿姨，妳正在摸的這個部分，因為我總是看不太懂，所以至少讀了一百遍呢。」

「啊？一百遍？」孫莉驚叫出聲，然後猛翻手中的書，不停地翻找有同樣磨損程度的書頁，「這一頁是這樣，這一頁也是。天哪，你幾乎是把這整本書都讀一百遍了。蓋圖，你太厲害了。」

「我覺得還是不夠啊，因為有很多地方還是記不住。」被孫莉一誇獎，蓋圖反而不好意思起來，害羞地低下頭笑了兩聲。

猶太智慧教養 7

學習是一種責任，要「為了智慧而學習」

「確實讀得還不夠！」安妮看似嚴厲地說了他一句，之後就轉頭對孫莉笑道：「因為這本書是雙語的，而且旁邊有注釋，妳看起來應該會比較輕鬆，所以請千萬別嫌棄它破舊。」

「不會嫌棄，怎麼會嫌棄呢！我只是很驚訝蓋圖竟然把這本書翻看了那麼多遍，太不可思議了。」

「也不是全都看了那麼多遍，」蓋圖噘著嘴解釋，「只是不懂的地方，多看了幾遍。」

「那也很了不起了，我遇到看不懂的地方，總是會馬虎地跳過去，才不會一遍一遍地翻看呢。蓋圖，你真的很了不起呢！」她雖然嘴上誇獎蓋圖，其實心裡更想對維茲和安妮表達敬佩之意，若不是他們教育有方，蓋圖也不會一遍遍地看書吧。

「將來有了孩子，我也要這樣教育他！」孫莉心想。

猶太父母總是要求孩子多讀幾遍書，因為他們認為，只看一、兩遍，無法理解書的內涵，必須反覆閱讀，努力思考書裡的內容，才能真正理解書中的智慧，明白書中要傳達的觀念。因此，猶太父母總是教育孩子：不要以為書讀百遍就能完全理解書中的深意了，應該盡可能多讀幾遍，當你讀了第一百零一遍，就會發現一些在讀第一百遍時沒有發現的內容，哪怕只是一個字或是一個以前沒有留意到的標點符號。

為了讓孩子多讀書，猶太父母教育孩子把學習當成「責任」，要「為了智慧而學習」。

讀到一本書，尤其是一本好書時，應該不厭其煩地一遍遍閱讀，每多讀一遍，就會在心靈上受到更深層的啟發。

猶太父母總是教育孩子：當你讀了第一百零一遍，就會發現一些在讀第一百遍時沒有發現的內容，哪怕只是一個字或是一個以前沒有留意到的標點符號。

誘導孩子認真學習，引導孩子用心思考

猶太父母在教育孩子時，也會利用美食來鼓勵孩子努力讀書、獎勵認真學習的孩子，但是他們的獎勵方法卻有些不同，一塊獎勵的蛋糕並不是那麼容易就吃到嘴裡，孩子需要付出更多努力才行。

孫莉幾次想要起身告辭，可是孟磊和維茲似乎越聊越投緣，兩個人也打開一本《塔木德》，一會兒點頭，一會兒皺眉地討論。孫莉不忍打擾他們，暗自嘆了口氣，看看時間還不算太晚，只好一邊跟安妮聊天，一邊等他們聊完再走。

不過她發現，一聊起《塔木德》裡的內容，不論是安妮或維茲，就連蓋圖這個小傢伙都會顯得很興奮，她被這種氛圍影響，覺得那些有趣的故事怎麼看也看不完、聽也聽不夠。

「媽媽，能給我一塊蛋糕嗎？」孫莉和安妮聊得正開心時，蓋圖突然跑了過來，指著茶几上的餐盤問安妮，「再給我一塊，可以嗎？」

「可以是可以，不過你剛才不是說已經吃不下了嗎？現在又能吃了？」安妮有些不放心地看著他，目光不時落在他的肚子上。

猶太媽媽這樣教思考：不要直接告訴孩子，該怎麼做！

蓋圖察覺到她的目光，馬上臉紅地蓋住自己的肚子，略顯生氣地說：「不是我要吃，是給約瑟夫吃的。」他繼續小聲地解釋：「我正在教他讀書認字，可是他聞了聞書說沒有甜味，就不想看了，我才想用蛋糕哄他來看書。」

「蛋糕確實是甜的，而且約瑟夫也很愛吃蛋糕，可是你要怎麼用蛋糕哄他呢？」安妮問。

「直接拿給他，讓他吃了之後立刻跟著我學認字不就行了。」蓋圖很快地答道。

「那可不行。」然而，安妮並不滿意這樣的答案，她一邊搖頭一邊繼續問道：「如果約瑟夫吃了蛋糕，還是不肯認字呢？」

「不會……吧？」蓋圖試著爭辯，但是語氣不再那麼理直氣壯。「那該怎麼辦？」難道不給他吃蛋糕，硬逼著他學習？蓋圖雖然還小，但是也覺得這種方法是行不通的。

孫莉在一旁聽著，忍不住插嘴：「可以讓他先學會了再吃蛋糕啊！」

「這個主意好，孫阿姨真聰明！」蓋圖高興地跳起來直拍手，然後眨眨眼睛問安妮，「媽媽，我就按照孫阿姨說的方法去做，好不好？」

「孫阿姨說的方法，正是媽媽想要提醒你的：一定要讓約瑟夫先學會了，才能給他蛋糕吃。不過，學一個字也是學，學會一整段也是學，難道獎勵都一樣嗎？」安妮又給兒子出了一道難題。

「這……」蓋圖一時回答不出來，手抵在下巴認真地思考起來，時而皺眉，時而搖頭，似乎真的很用力地在想方法。

「有了！」他突然眼神一亮，說道，「媽媽，我把蛋糕分成大中小三份，如果約瑟夫認識了一個新字，就給他吃最小的一塊，如果他能讀完一句話，我就讓他吃中等的那份，如果他能跟著我讀完一整段，就把最大份的蛋糕給他，怎麼樣？」

「嗯嗯！」安妮連連點頭，終於把蛋糕放心地交到他的手裡，「就這麼辦吧！如果你今天能讓約瑟夫在睡覺之前讀完一整段的話，我也獎勵你一塊蛋糕，讓你明天能吃到兩塊蛋糕，怎麼樣？」

「謝謝媽媽，我一定會做到。」蓋圖高興地捧著蛋糕回到自己的房間，不一會兒，裡面傳來他和約瑟夫的讀書聲，不時還穿插約瑟夫一、兩聲哭鬧，不過最後都被蓋圖制止了。

「安妮，看來你們家有一個很好的小老師呢。」孫莉羨慕地看著她，並且好奇地問道：「用蛋糕獎勵約瑟夫學習的方法真不錯，但是，剛才妳為什麼不直接告訴蓋圖要怎麼做呢？」

猶太智慧教養 8

日常生活中的每一件事，都值得思考

「如果一開始就告訴他，他就不會動腦思考了！」安妮很溫和地微笑，目光落在眼前的書籍上說道，「日常生活中的每一件事，都值得思考，唯有把握各種機會教育孩子如何思考問題，他們日後才會養成動腦的好習慣，哪怕是再小的事情都一樣。我呢，是用美食引導孩子們去學習和讀書，讓他們養成好習慣，但就算是用美食引導孩子，也應該讓美食充滿智慧才行，或者說要用點手段。妳覺得呢？」

「哈哈……充滿智慧的美食，安妮，我又學到一招了！」孫莉開心地笑了出來。

此時孟磊和維茲也聊得差不多了，孫莉連忙拉著孟磊起身告辭。回家的路上，她想了很多關於教育孩子的問題，總覺得每次只要跟安妮一家人在一起，都會有新的發現和認知，讓她總是感覺很新奇，並且期待下次的聚會。

針對孩子的早期教育，猶太父母會利用美食來鼓勵孩子更加努力讀書。因為「吻甜書」儀式讓孩子在初次接觸書籍時產生了「書是甜的，很好吃」等印象，所以在教導孩子讀書的初期階段，猶太父母會以甜美的食物作為獎勵，「誘導」孩子努力學習，養成愛讀書、愛學習的好習慣。

但是，用美食獎勵孩子的時候，猶太父母不會直接說出「孩子，給你一塊蛋糕當作獎勵，你要好好學習，用功讀書」等，而是引導孩子自己動腦，用自己的努力與智慧換取美食。

日常生活中的每一件事，都值得思考，唯有把握各種機會教育孩子如何思考問題，他們日後才會養成動腦的好習慣，哪怕是再小的事情都一樣。

書是有生命的

——教導孩子尊重書、感謝書

一本書無法再翻看時，猶太父母會把孩子叫到身邊，在孩子們的注視下進行簡單而莊重的葬書儀式，以此來教育孩子：書是有生命的，書籍教導人類智慧，所以要格外地尊重書，即便是書籍破舊了，也要像對待親朋好友般親手埋葬它，讓它獲得最好的歸處。

星期日，孫莉家的門鈴響了起來，接著傳來蓋圖歡快的聲音：「孫阿姨，我和媽媽來找妳玩了，妳在家嗎？」

「我在家，稍等一下，馬上幫你們開門！」孫莉真是又驚又喜，本來還想著要不要出門找朋友聊一聊，沒想到立刻有人來陪她。

不過，安妮像這樣沒有提前打招呼就過來，還是第一次。安妮一家人每週五晚上到週六晚上都要過一個很重要的節日——安息日，所以她和安妮要見面的話，通常會在週五以前就約好。這次不知道怎麼回事，也沒有提前打個電話，讓她有些手忙腳亂。

「安妮，怎麼不提前打個電話呢？」她一邊請他們進屋，一邊從安妮手裡接過約瑟夫，親親他。

蓋圖看在眼裡有點嫉妒，噘起小嘴，不過，視線很快就被客廳裡擺著的幾本書吸引過去，

「阿姨，我能看看那幾本書嗎？」

「當然可以啊，這是我前幾天整理房子的時候找出來的，覺得你應該會喜歡，正準備找時間送過去給你呢。」孫莉放下約瑟夫，倒了幾杯茶水。

教孩子當個「愛書人」

「謝謝！」安妮接過水杯笑道，「維茲想在家裡安靜地看書，可是兩個孩子一直打鬧，所以我只好把他們帶出來了。想想沒什麼地方可去，來妳家坐坐。」

「你們一家人還真是愛看書，要是哪天沒書可看，大概會活不下去吧。」孫莉忍不住調侃起來。安妮聽了之後，哈哈大笑道：「有可能喔……」

一時之間，兩人笑成一團，約瑟夫趴在沙發上爬來爬去，蓋圖則在一旁安靜地看書。

「咦？孫莉，這本書怎麼會在垃圾桶裡？」安妮往垃圾桶裡扔紙屑的時候，突然瞥到裡面躺著一本看起來很破舊、已經掉頁的書。

「這本書啊！」孫莉不以為然地說，「不小心泡到水，發霉了，之前整理房子的時候發現的，只好丟掉了。」

「不能丟！」安妮正想說些什麼，但是話還沒出口，蓋圖就衝了過來，趴在垃圾桶旁，小心翼翼地將那本破書捧了出來。

「孫阿姨，書是有靈魂的，很神聖，不能這樣隨便亂丟。」

「啊？可是都破破爛爛了，不丟怎麼辦？」孫莉有些疑惑地問著，伸手想要把書拿過來，「蓋圖乖，快把書丟了，都發霉了，會弄髒手和衣服的。」

「不丟，不能丟，媽媽，妳快告訴阿姨，書是不能丟的。」蓋圖和孫莉正在搶書，但力氣不如孫莉，只能向安妮求助。

「孫莉……」安妮出聲說道，「聽聽蓋圖怎麼說的，好嗎？」

「啊？」孫莉越來越糊塗了，看看安妮，又看看蓋圖，無奈地坐回沙發上，嘆口氣說：「好吧，蓋圖，為什麼不能丟書？」

「這是爸爸說的，」蓋圖歪著頭，皺眉說道，「爸爸說，我們要當個真正愛書的人，哪怕是書被翻爛了，再也不能看了，也不能隨便丟棄它，應該好好地安葬它。」

「啊？安葬？」孫莉一時無法理解，指著那本書說：「意思是要把它埋了？」

「……」蓋圖小小的臉顯得有些不高興，雖然「埋」和「安葬」是一樣的，但他還是覺得用「安葬」這兩個字比較尊重這本書，於是小聲嘀咕道：「就是這樣。媽媽，我們去好好地把書安葬了吧。」

「嗯，好。下面好像有個花壇，我們把它埋在那裡吧。」安妮說完便拉著蓋圖出門，留下一臉驚訝的孫莉以及年幼的約瑟夫。

孫莉看看身邊眨著眼睛望著她的約瑟夫，幽幽嘆了口氣，「約瑟夫，那只是一本書對不對？怎麼你媽媽和蓋圖把書說得跟人一樣，這也太誇張了吧。」

約瑟夫揮舞著雙手說了些什麼，孫莉聽了半天也只聽得懂「書」、「好吃」幾個字，抱起他說道：「走吧，我們也出去看看。」

猶太智慧教養9

重視智慧，從珍惜每一本書做起

孫莉一來到樓下，就看見在花壇前忙碌的一大一小。

「你們還真的把它給……埋葬了？」孫莉一臉驚訝地問。

「當然啊……書給了我們智慧，教會了我們很多東西，所以，我們要好好對待書，當一本書真的破舊到不能再看時，我們應該給它最好的歸宿，也應該這樣教育我們的孩子，讓他們從小就懂得愛書、敬書的道理。」安妮把剩下的工作交給蓋圖，到孫莉身邊把約瑟夫抱過來，讓他親眼看一看這個「莊重的儀式」，並對蓋圖的行為給予讚揚，「在我制止妳之前，蓋圖就出聲保護那本書，看來他已經明白了書是多麼重要的東西，我真的很高興。」

「唉，看來，我還得努力向蓋圖學習，從他身上就能看見妳和維茲的教育有多成功了。」想到自己的觀念竟然不如一個孩子，那一瞬間孫莉真想在地上挖個洞，一頭栽進去算了。

猶太人不禁書、不焚書，就算是一本抨擊猶太民族的書籍，他們也不會禁止或破壞它。

猶太人把書看作是有生命的東西，書籍把智慧傳遞給他們，他們則回以最高的敬仰之情，就算一本書變得破舊、再也不能翻看，猶太人也不會隨意把書當成垃圾處理。

當一本書無法再翻看時，猶太父母會把孩子們叫到身邊，在孩子們注視下進行簡單而莊重的葬書儀式，以此來教育孩子：書是有生命的，書籍教導人類智慧，所以要格外地尊重書，即便是書籍破舊了，也要像對待親朋好友般親手埋葬它，讓它獲得最好的歸處。

這就是猶太家庭對書的崇高感情。要做個真正的愛書之人，就一定要像猶太人一樣教育孩子尊重書，一生感謝書，當書不堪使用了，一定要好好地安葬它。

孩子有問不完的「為什麼」？

——「問題」兒童才能擁有獨特見解

知識和能力之間，不能畫上等號？愛思考、愛提問，才會擁有更高的智慧？當孩子每天都有問不完的問題時，千萬不要厭煩，因為這表示孩子擁有獨立思考的能力。想要培養孩子的這種能力，父母應該耐心地回答孩子的問題，並鼓勵他多多提問。

這兩天孫莉覺得特別累，因為下班後，家裡就會來一位客人，她的「苦難」也隨之來臨。她經常哭笑不得，雖然不至於討厭，但還是有些無力招架。

今天下班剛進家門沒多久，門鈴就響了起來，她忍不住嘆息一聲，打開門一看，果然是連續三天都來報到的鄰居趙大姐。

「趙大姐，快進來坐。」她把趙大姐請進屋裡，將剛泡好的茶端到客廳，就聽趙大姐又開始抱怨：「小莉，妳總算回來了，我跟妳說啊，今天豆豆又問了一堆問題，我都快煩死了。妳說，愛看書到底是件好事還是壞事？本以為讓孩子多看些書，可以學到很多知識，但是豆豆反而越看書越有一些千奇百怪的問題，我現在只要睜開眼睛就要設法回答她的問題，只要閉上眼睛就開始作夢，夢到她又問東問西，一大堆奇怪的問題……連覺也睡不好，唉！」

趙大姐家有個五歲半的女兒豆豆，正處於對一切感到好奇、愛玩愛學愛問的年齡，最近似乎特別愛發問，經常令趙大姐感到煩躁，一看見豆豆就有想要逃跑的衝動。

孩子懂了，不代表理解了

關於教育孩子的問題，孫莉這個還沒當過媽的人，真的無法體會其中的辛酸，反而有點羨慕趙大姐，有個孩子天天追著她問各種生動有趣的問題，多有意思啊！

「豆豆今天又問了什麼？」

「今天豆豆一起床，就拉著我說昨天晚上她作了個夢，夢裡有小鳥和各種小動物跟她說話，然後她就問我小動物們是不是真的都會說話，還問我牠們是不是也跟人類一樣會作夢。我仔細一問才知道，原來她昨天看了一本故事書，內容就是動物們也會說話。小莉，讓她多看書到底是不是對的啊？」趙大姐皺著眉頭，一臉煩惱。

孫莉忍不住笑了起來，說道：「趙大姐，妳不覺得豆豆這些問題很可愛嗎？如果以後我有了孩子，也能這樣不停提出有趣的問題，我想我一定會很開心。」

「怎麼可能開心，煩都煩死了！唉，等妳以後有了孩子就知道，每天被孩子煩是多麼頭痛的事了。」趙大姐看看時間不早了，必須回家做飯，於是擺擺手告辭了。

孩子喜歡問問題，真的是很累人煩心的事情嗎？趙大姐離開之後，孫莉忍不住自問。

第二天下班，她實在是不想回家聽人嘮叨，於是打了電話給安妮，立刻往她家奔去。

「安妮，我好想妳啊！」一到安妮家，她就熱情地向安妮撲過去，把安妮嚇了一跳。

「前幾天不是剛見過，妳怎麼了？」

「就是很想妳和蓋圖啊，還有約瑟夫，嘿嘿，蓋圖……有沒有想阿姨？快過來讓我抱抱！」

「撲」完安妮再去「撲」蓋圖，孫莉的到來立刻讓這個原本安靜的家熱鬧了起來。

安妮忍不住搖頭嘆息道：「孫莉，妳這個樣子哪像個大人，怎麼感覺比蓋圖還像孩子？」

「這表示我童心未泯，哈哈……」大笑了一陣後，孫莉終於把連日來的煩惱統統拋開了，悠閒地坐在安妮家的沙發上，看著蓋圖和約瑟夫安靜地讀書。

「安妮，蓋圖平時都是這樣安靜地看書嗎？會不會有一大堆問題來問妳呢？」她突然想起趙大姐的事。

「當然會啊。」安妮很自然地答道。

「妳不會覺得煩嗎？」

「怎麼會呢？」對於這個問題，安妮顯得不太明白，轉頭看著她回答：

「孩子能在讀書學習的過程中發現問題並提出來，這是件好事，為什麼要感到煩惱呢？相反地，如果哪天蓋圖沒有在看書的過程中提出問題，我才會感到不安，一定會設法要讓他發現問題呢！」

「沒有問題不好嗎？表示他都看懂了啊。」

「看懂了並不代表完全理解了。」安妮說出這句富有哲理的話之後，又解釋道：「我們猶太人流傳著這樣一句話：『不當一頭背著很多書籍的驢子』，意思就是說，不要死記硬背書籍的內容，不能只記表面的東西，而是應該盡可能多瞭解書中的含義，從好的方面、壞的方面，用各種角度分析並理解書中的知識，對書中的內容進行思考，這樣才能產生自己的獨特見解。」

猶太智慧教養 10

獲得的知識越多，疑問就越多

「啊……」孫莉一時呆住了，不知道該怎麼回應才好。

此時，安妮又說道：「不能讓孩子當一隻背負沉重書籍的驢子，盡信書，不如無書，只有經常提出質疑的孩子，才會發現書中的真諦，才能開發他的能力，獲得智慧。所以，我和維茲經常教導孩子們在看書的時候要多思考，知識重要，能力更重要。」

聽完她這番話，孫莉似懂非懂，不是有了知識就會有能力嗎？知識和能力之間竟然不能畫上等號？愛思考、愛提問，才會擁有更高的智慧嗎？

「不當一隻背著很多書籍的驢子。」這句話的意思是，猶太人重視知識的同時，更加重視孩子們的能力。猶太父母會在孩子開始讀書、受教育時，就把這句話告訴他們，以提醒他們在讀書學習的時候，不要忘記思考和反思。

猶太父母認為，會思考的孩子，才能獲得更多的知識並擁有智慧。當孩子的學識增加，心裡產生的疑問也應該跟著增加，每當解決一個問題，孩子就會學到更多知識。

所以，在猶太家庭中，父母很喜歡孩子提出各式各樣的問題，如果孩子有一段時間沒有發問，猶太父母就會思考最近是不是與孩子的溝通不足，讓孩子不再動腦思考問題了。此時，猶太父母就會反過來，追著孩子不停地發問、討論，直到孩子重新思考為止。

不能讓孩子當一隻背負沉重書籍的驢子，盡信書，不如無書，只有經常提出質疑的孩子，才會發現書中的真諦，才能開發他的能力，獲得智慧。

生養孩子的不是父親，教育孩子才叫父親！

中國人有句話是「養不教，父之過」，意思是說，生養孩子而不教育他，就是父親的過錯。猶太人認為，不論再怎麼忙碌，每個為人父者都不應該忽視自己在家庭中的作用和地位，回到家裡教育孩子才是他的首要任務。

孫莉拿出手機看看時間，已經七點多了，她和安妮早就做好晚飯，可是維茲還沒回來。

「媽媽，我和約瑟夫都餓了。」蓋圖牽著小約瑟夫的手走了過來，兩個孩子望著安妮，小鼻子猛聞著廚房飄出來的香味。

「唉……那我們先吃飯吧。」安妮站起身，不好意思地對孫莉笑道：「真是抱歉，聊了這麼久，都耽誤吃飯時間了，我們吃完飯再繼續聊吧。」

「沒關係！」孫莉皺眉問道：「維茲加班嗎？要不要打電話給他，說不定快到家了。」

「唉……」提到維茲，安妮似乎有些不高興，邊走向廚房邊說：「最近維茲總是在加班，好不容易放假，也是關在書房裡看書，都不太陪孩子們學習了，我正想找個機會勸勸他，請他發揮好父親的作用。」

孩子的成長離不開父親的關心和教育

「父親的作用？」孫莉小聲地複述，心想這句話還真奇怪。安妮轉身笑著看向她，說道：「就是好好教育孩子們，陪孩子們一起讀書學習啊。來，我們先吃飯吧，他今天大概又要在外面吃了！」安妮一邊盛飯一邊抱怨。

「沒辦法啊……孟磊今天也要加班。男人有時候真可惡，只知道埋頭工作，卻忽略了家，可是他這麼拚命工作，又是為了家，還真是有點矛盾呢！」孫莉也嘆口氣道。

「確實如此。不過，即使男人是為了家庭奔波，也不能完全不管孩子的教育問題，孩子的成長離不開父親的關心和教育。」安妮有些擔憂地看著兩個兒子。

「安妮，我回來了！孫莉也在啊，你們繼續吃，我已經吃過了，還有一點工作要做，等會兒再陪你們聊天。」

維茲一回來，打了聲招呼後就直接進書房，「砰」的一聲把門關上了。

「又是這樣……」安妮才剛露出笑容的臉又漸漸暗淡，語氣不悅地說：「不能再這樣了，今天我一定要好好跟他談一談。」

飯桌上的氣氛頓時沉悶了許多，孫莉在一旁照顧約瑟夫吃東西，不敢插嘴說話。

「媽媽……」此時蓋圖火上加油地問：「爸爸今天還是沒時間陪我讀書嗎？我已經記下了很多問題想要問爸爸呢。」

「媽媽等一下去跟爸爸談一談，今天無論如何會請他和你一起討論問題，可以嗎？」

聽到安妮這麼說，蓋圖高興地點頭道：「好的，謝謝媽媽！」

安妮說完，就起身要去找維茲，孫莉擔心他們會吵架，連忙勸她：「安妮，妳別生氣。維茲剛來分公司沒多久，很多工作還沒完全熟悉，加班也是無可奈何的事情。妳陪蓋圖讀書不就行了，有時間，還是讓維茲多休息，不然，他都要累垮了。」

「不是這樣的，」安妮搖頭說道，「身為父親，他必須經常陪孩子們讀書學習，這是他的責任和義務。如果他連這個責任和義務都忘了，孩子們會失望的。」

「咦？有這麼嚴重嗎？」孫莉覺得安妮有點小題大作。

「當然，在猶太家庭中，一個父親除了賺錢養家餬口外，還有教育孩子的責任，至少要做到每天陪孩子讀讀書，回答孩子們提出的問題。最近他和孩子們的互動越來越少，這樣非常不利於孩子們的成長，長期下去會導致孩子們的學習動力低落，甚至對學習完全不感興趣。」

「呃……」聽了安妮的話，孫莉無法反駁，就在張嘴發愣時，安妮已經進了書房。

不一會兒，書房隱約傳出談話聲，蓋圖緊緊抓著她的手，緊張地望著書房的門，看來也是害怕爸媽吵架。

猶太智慧教養 11

父親的首要任務——教育孩子、陪著孩子一起成長

過了一陣子，維茲面露歉意地從書房裡走出來，「蓋圖，爸爸想和你討論一下你最近看過的書，吃完飯來和爸爸聊一聊如何？」

「我馬上就吃完，爸爸你稍等一下。」

蓋圖開心地把最後一點麵包塞進嘴裡，洗過手後便捧著一本書跑進書房。安妮則露出一臉勝利的表情，坐在孫莉對面愉快地吃飯。

猶太人流傳這樣一句話：「父親不是因為生下孩子，而是因為教育孩子，才被稱為父親。」由此可見，在猶太人的心目中，父親的主要任務就是教育孩子。

在猶太家庭中，從孩子出生之後，父親就要開始教育孩子，和孩子一起玩耍、一起讀書，與孩子討論問題，這些都是父親的責任和義務。若是父親因為某些事情而忽略了對孩子的教育，家庭中的其他成員就會指責他沒有盡到自己的責任。

中國人也有句話是「養不教，父之過」。意思是說，生養孩子而不教育他，就是父親的過錯。所以，不論再怎麼忙碌，每個為人父者都不應該忽視自己在家庭中的作用和地位，回到家裡教育孩子才是他的首要任務。

在猶太家庭中，從孩子出生之後，父親就要開始教育孩子，和孩子一起玩耍、一起讀書，與孩子討論問題，這些都是父親的責任和義務。

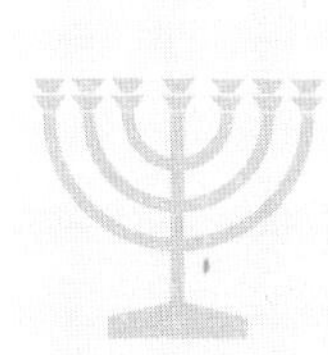

母親對孩子的影響力，長達一生！

在一般家庭中，父親要為一家人的生活打拚，陪伴孩子的時間並不多，所以教育孩子的責任大部分落在母親身上。作為一名優秀的母親，她的「天職」就是陪孩子們快樂地成長，還要以身作則，用自己的行為影響孩子，而這種影響力長達一生之久。

孟磊下班後，開車來安妮家接孫莉。回家的路上，孫莉趁機「教育」了孟磊一番，警告他以後要是有了孩子，絕對不能因為工作而忽略家庭。

「放心吧，老婆，將來我一定會親自教育我們的孩子！看妳最近對於教養孩子的問題越來越感興趣，讓我真想馬上有個孩子，過過做父親的癮啊。」

「現在說得好聽，等到有了孩子，你大概逃得比誰都快吧。」孫莉拍了他的背一下，兩人繼續說笑。

「不過話說回來，身為父親有教育孩子的責任，那母親呢？對我們未來的孩子，妳是不是也有些責任啊？總不會只讓我一個人擔下重責大任吧？」孟磊突然神色嚴肅地提醒她。

「嗯……」孫莉一愣，表情也凝重了起來。回到家後，整個晚上她都在思考孟磊提出的問題，直到第二天上班。

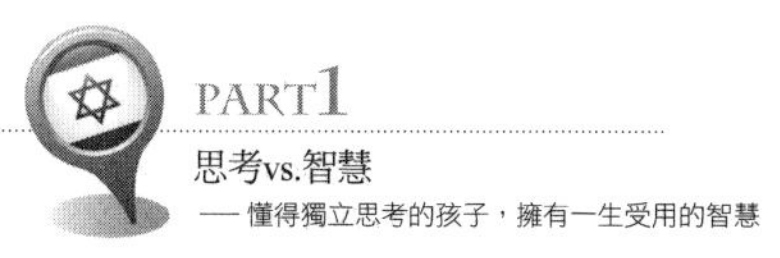

一點也不輕鬆的「全能媽媽」

「孫莉，妳在想什麼啊？」

中午休息時間，小劉來找孫莉一起出去吃飯，可是連叫了好幾聲，孫莉都沒聽到。

「啊……」孫莉被嚇了一跳，捂著胸口說道：「妳這麼大聲，嚇死我了！我在思考一個很嚴肅的問題。」

「很嚴肅的問題？」小劉調侃道，「哇，還真是近朱者赤近墨者黑啊，最近妳常跟安妮一家人來往，也變得喜歡思考問題了？」

「妳……，竟然嘲笑我！」

「哈哈哈……我可不敢嘲笑妳，走吧，去吃飯，一邊吃一邊想妳的問題，不能因為思考而挨餓啊。」

小劉拉著她就下樓往餐廳走，正好半路上遇到另外兩個同事和維茲。到了餐廳後，幾個人圍坐在桌子前，一邊吃飯一邊聊天。

「孫莉，妳剛才在思考什麼問題，我也來幫妳想想。」小劉問道。

「是一個很嚴肅的問題，對了……」她突然看向維茲，認真地問他：「維茲，安妮每天在家都做些什麼事情？」

「做些什麼？」維茲想了想之後回答：「跟一般家庭主婦沒什麼兩樣，照顧孩子，打掃房間，洗衣燒飯。」

「妳一直在思考的竟然是這種問題？」小劉驚訝地看著孫莉。

「很奇怪嗎？」孫莉反問，並繼續對維茲說道：「你說的這些我都知道，我的意思是，安妮身為母親，在家庭中有什麼責任？」

聽到她這麼問，維茲笑著說：「原來妳在想昨天的問題啊。」

「嗯，後來孟磊問我，父親的責任是教育孩子，那麼母親的責任是什麼。我還真不知道怎麼回答，一整個晚上都在想，安妮平時在家都做些什麼？她和其他母親有什麼不同？父親負責教育孩子，母親是不是就輕鬆多了呢？」

維茲搖搖頭，笑道：「安妮一點也不輕鬆，要教育孩子，要陪孩子們玩，每天都忙個不停。她很瞭解孩子，例如孩子們喜歡吃什麼、不喜歡吃什麼，偏愛什麼顏色，說謊時有什麼小動作，高興的時候會有什麼反應……這些小細節，通常只有她才知道得一清二楚，我可做不到。」

猶太智慧教養 12

母親的天職——以身作則，陪伴孩子快樂成長

「這倒是，女人的確比較細心，會注意這些事情。」

「不僅如此，」維茲繼續說，「在每個家庭裡，母親都是孩子的第一任老師，除了陪伴孩子成長，還要以身作則，用自己的行為影響孩子們，而這種影響力長達一生之久。所以，想要

成為一個合格的母親，需要付出許多努力……安妮是一個好母親，她為我們這個家付出很多，也教給了孩子們很多知識，值得我尊敬。」

「原來，在家庭教育中，母親的責任更大啊！」孫莉似有所悟，點了點頭。

在一般家庭中，父親要為一家人的生活打拚，陪伴孩子的時間並不多，所以教育孩子的責任大部分都落在母親身上。作為一名優秀的母親，她的「天職」就是陪孩子們快樂地成長。

母親不僅要教會孩子穿衣吃飯，還要教孩子們開口說話，陪孩子們讀書學習，傳授給孩子們智慧、知識，培養孩子的能力，訓練孩子們獨立，告訴孩子們如何去熱愛生活、體會生活，如何從一點一滴做起，慢慢改變自己與自己的生活……這些都是母親的責任。

此外，父親做不到的事情，母親也會設法做到，這一切都為了給孩子最好的教育。對孩子們來說，母親是他們的第一任老師，這種影響力深深烙印在孩子的心中，永遠無法抹滅。

在每個家庭裡，母親都是孩子的第一任老師，除了陪伴孩子成長，還要以身作則，用自己的行為影響孩子們，而這種影響力長達一生之久。

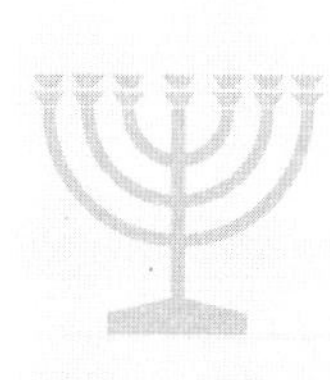

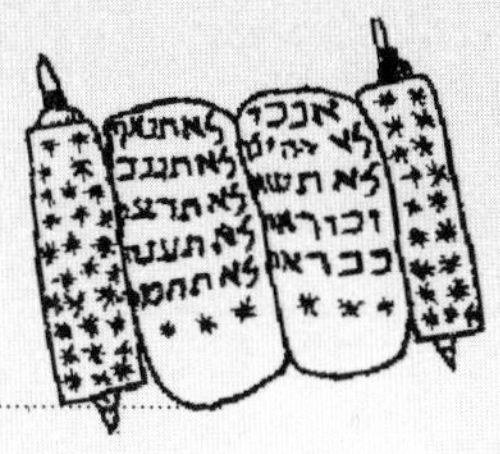

PART 2

金錢vs.理財

── 孩子瞭解「金錢的能量」，才能建立理財意識

猶太人不僅知識淵博，更著名的是善於經商，這是因為他們讓孩子從小接觸錢，告訴孩子錢是怎麼賺來的，金錢又能換到些什麼。在這方面，華人父母一定要向他們學習，從孩子小時候就培養理財意識，擁有正確的金錢觀、理財與投資觀念。這樣一來，孩子長大之後，才能成為理財與投資的高手。

該讓孩子從小接觸錢嗎？

——認識金錢，才能善用金錢！

猶太父母十分重視孩子的「財商」教育，從孩子出生開始，除了教孩子認識書籍、學會讀書之外，還會教孩子認識金錢，告訴孩子金錢從何而來，用錢能買什麼東西，如何才能賺到錢。

這個星期日，孫莉和安妮約好在公園見面，準備在酷暑還沒到來之前，帶著孩子們好好遊玩一番，讓孩子們和大自然多親近一點。

「蓋圖，最近又看了多少書？」剛碰面，孫莉就迫不及待地詢問蓋圖最近的學習情況，「前幾天你借走的兩本世界名著，都看得懂嗎？」

「當然，雖然不是所有的漢字都認識，但是內容我還是看得懂，猴子和豬的故事真是太精采了。」蓋圖興奮地回答。

一聽他說完，孫莉忍不住笑了出來，拉著安妮說：「安妮，妳和維茲到底是怎麼教孩子們學中文的？不僅越來越會說，還能很快地記住看過的漢字，這種學習能力真是太不可思議了。將來我有了孩子，一定要請妳當家庭老師。就這麼說定了，妳可不能推辭哦！」

「妳又這麼說了，」安妮輕輕推她一把，苦笑著說，「只怕到時真的要當妳孩子的老師，妳才不肯呢。」

「嘿嘿……我確實想要親自教育孩子。」

孫莉心想，她一定要親手將自己的孩子教育成獨立的棟梁之才，只要趁現在多向安妮學習，一定能實現這個願望。

猶太孩子的第一份生日禮物是股票？

「媽媽，我口渴了，可以去買瓶水嗎？」

「蓋圖等等，阿姨去幫你買，你不知道價格，有可能會買貴了。」

「阿姨，我不會買錯的。我知道礦泉水最便宜，果汁和飲料貴一點，而且在公園裡這些東西比在外面貴幾塊錢。我去買的話，搞不好賣東西的叔叔阿姨看我是小孩子，還會算我便宜一點呢。」蓋圖反駁。

蓋圖說得頭頭是道，孫莉還沒從驚訝中反應過來，就看見他從口袋裡掏出一堆零錢，一邊數一邊說：「萬一賣東西的叔叔阿姨不讓我殺價，那我們就買最便宜的礦泉水吧，我記得上次陪爸爸在公園裡買的時候是每瓶二十元左右，我和媽媽、孫阿姨一人一瓶，約瑟夫愛喝甜的，就幫他買一小瓶牛奶吧，這樣總共七、八十元，希望不會超過這個價格。媽媽，我去買了！」

一直沒吭聲的安妮這時笑著點點頭，對他說：「去吧，媽媽和阿姨在這裡等你。」

直到蓋圖跑到對面的小攤販那兒，孫莉才慢慢回過神來，佩服地對安妮豎起大拇指，「安妮，我收回剛才的話，等我有了孩子之後，請妳務必當他的家庭老師！」

「呵呵……」安妮笑著問道：「妳又在想些什麼？蓋圖都六歲了，認識錢、會算帳應該沒什麼奇怪的吧！」

「六歲的孩子認識錢確實不稀奇，可是蓋圖卻知道哪裡的東西便宜、哪裡的東西貴，而且還知道大概貴了多少，在比較之後，買最便宜的東西。這種節儉觀念，可不是一般六歲小孩都有的。而且，你們一家人才搬到這裡幾個月吧？在這麼短的時間裡，蓋圖就把物價摸得這麼清楚，不得不說是你們教育有方。」孫莉折服地說。

安妮搖頭反駁：「這在猶太家庭中很正常啊！五、六歲的孩子已經能夠透過自己的觀察掌握物價高低，而且每當換了一個居住環境，孩子們做的第一件事通常是去調查物價。」

「你們是怎麼讓孩子做到這一點的呢？」孫莉好奇地問道。

安妮笑著回答：「從小就讓孩子接觸錢。在孩子度過人生第一個生日的時候，我和維茲送給他們的禮物就是一張股票，聽起來很不可思議吧？」

「呃……確實……很難想像父母會把股票當成禮物送給剛滿周歲的孩子。安妮，妳在開玩笑吧？」

把股票當成生日禮物，送給這麼小的孩子，孫莉實在難以置信。

「怎麼會是開玩笑呢？」安妮笑著擺擺手，平靜地說：「這是我們的慣例，很多猶太家庭都會這麼做。送孩子股票，可以讓孩子從小接觸金錢、認識錢和錢幣。我們希望孩子除了智力高，也能擁有絕佳的理財觀。這樣一來，不論孩子遭遇什麼困境，都能平安度過。」

「這是猶太父母對孩子們獨特的理財教育？」

見安妮點點頭，孫莉不禁嘖嘖稱奇，「會把股票當成生日禮物的父母，應該就只有你們猶太民族了，真是太特別的教育方法了！」

猶太智慧教養 13

讓孩子認識金錢、瞭解金錢，多接觸金錢

「媽媽，我回來了。」

蓋圖抱著礦泉水跑回來，把水分給大家，開心地說：「本來要付八十元，我跟賣水的阿姨講了好久，她終於同意便宜五塊錢，真是太棒了！對不對，媽媽？」

「對，蓋圖太棒了！」孫莉搶先誇獎他。

之後一整天，孫莉的心情始終無法平靜下來，腦子裡不停地思考著安妮的話，以及蓋圖對金錢的認識和理解，覺得深受啟發。

她真的開始考慮，等她將來有了孩子，要請安妮來當家庭教師。雖然安妮並不是老師，但她相信安妮絕對比真正的老師和學者更懂得如何教育孩子。

猶太父母十分重視對孩子的「財商」教育，從孩子出生開始，除了教孩子認識書籍、學會讀書之外，還會教孩子認識金錢，告訴孩子金錢從何而來，用錢能買什麼東西，如何才能賺到錢等等。

很多猶太父母甚至會把錢當成玩具，讓孩子在玩耍中認識金錢、瞭解金錢，並在成長的過程中，盡可能多接觸金錢。

當孩子滿一歲的時候，很多猶太父母都會把股票當作禮物送給孩子，雖然孩子可能更喜歡五花八門的玩具，但父母卻寧願給予孩子更實際的東西，讓孩子在成長的過程中逐漸形成理財的觀念。

猶太孩子在七、八歲的時候，已經開始懂得靠自己的能力打工來賺零用錢了。這樣的理財教育更具實用性及前瞻性。

孩子看錢看太重？——教孩子最有意義的花錢方式，瞭解金錢價值

猶太父母認為，想要讓孩子懂得理財，應該先讓孩子注意身邊與金錢有關的細節，他們會要求孩子學會記帳，列出每天的開銷，讓孩子進行詳細的分析，以培養理財能力。此外，還會讓孩子明白最有意義的「花錢」方式，避免孩子成為眼裡只有錢的人。

回到家後，孫莉一直想瞭解安妮如何對孩子進行理財教育，腦子裡模擬了很多安妮教育孩子的場景，可是總想親自觀摩一下。過了幾天，機會終於來了。

「孫莉，我有件事情想拜託妳。」

週一早上孫莉剛到公司，還沒坐下，就見維茲匆匆地走了過來，「公司剛剛要我馬上出差，可是我不太放心安妮一個人在家照顧兩個孩子，妳這幾天有空的話能不能住在我家，幫安妮照顧一下蓋圖和約瑟夫呢？」

「沒問題。」孫莉看他很著急，急忙點頭答應，「我打個電話跟孟磊說就可以了。」

「真是太感謝了！我現在必須馬上離開，安妮就拜託妳了。」

維茲說完就走了出去，和另外兩位在走廊等候的同事一塊出了公司。

「耶！這樣我就能和安妮徹夜聊天了！」孫莉高興地說。

這一天，她巴不得早點下班，中午吃飯的時候先和安妮通了電話，「我下班後先回家拿幾件換洗的衣服，在家吃過飯之後就過去。」

「嗯，好的。妳過來，蓋圖一定很高興。」

猶太家庭的理財教育：為孩子設計「金錢遊戲」

好不容易下班，孫莉急忙趕回家做晚飯，不等孟磊回來，就匆匆填飽了肚子，隨便收拾幾件衣服坐車前往安妮家。

「安妮，快告訴我妳平時都是怎麼教孩子們理財的？」

剛踏進安妮家，孫莉就拉著安妮追問：「每天都帶著孩子們上街瞭解物價？還是只在家裡講解理論？」

「孫莉，妳先休息一下，喝口水，我們再好好討論這個問題。」

安妮瞇著眼微笑，硬把她拉到沙發坐下，遞給她一杯水。

「維茲這次出差至少也要三天，妳有很多時間瞭解我是如何教孩子理財，不急。」

「呵呵……」孫莉為自己的急切感到有些不好意思，捧著水杯笑道：「我是有點太心急了，嘿嘿……蓋圖和約瑟夫呢？已經睡了？」

平時蓋圖總是第一個跑出來迎接她，今天怎麼這麼安靜呢？她看看時間，還不到八點，孩子們應該沒這麼早睡才對。

安妮說：「他們正在看書，還有半個小時才會結束，我們說話最好小聲點。」

「哦，原來是這樣啊。」孫莉點點頭，立刻壓低音量，感嘆道：「這兩個孩子真是愛讀書啊，妳好像說過，他們每天都固定在這段時間看書？」

「嗯。對了，一會兒我們要玩一個小遊戲，妳應該會有興趣。看了這個遊戲，妳應該就知道猶太家庭是如何對孩子進行理財教育了。」

兩個人聊了一會兒，蓋圖終於牽著約瑟夫的手從房間走出來。安妮把他們叫到身邊說道：「蓋圖、約瑟夫，我們繼續昨天的遊戲吧。」

「嗯，太好了，今天我一定要再贏一回！媽媽，也讓孫阿姨一起玩吧！」蓋圖拉著孫莉的手提議道：「孫阿姨，這個遊戲真的很好玩，一起來玩吧。」

「啊？什麼遊戲啊，真的很好玩嗎？」孫莉看向安妮，見安妮向自己點頭，就笑著說：「好，我也來玩，蓋圖你別再拉了，我都快被你拉下沙發摔倒了。」

蓋圖一聽孫莉答應了，立刻衝回房間抱出一個紙箱，箱子裡放了各種道具，他的手裡還握著一把零錢。

「是要用錢來買這個箱子裡的東西嗎？哇，準備的東西還不少呢！有飲料，還有糖果，竟然也有書，要先寫價格標籤嗎？我來幫忙。」

孫莉看箱子裡的東西都沒有價格，想要幫忙把價格標上，卻被安妮制止了。

蓋圖也連忙附和：「孫阿姨，不能寫價格，我們要自己猜，誰猜對了，媽媽就會把相應的錢交給他，最後手裡的錢最多的人就贏了。不過，箱子裡有個大BOSS！」

「大BOSS？」

「對，箱子裡有一張特別的卡片，是愛心卡。媽媽說出卡片用途，我們再說出數字，如果數字相差不多，就會贏得愛心卡，拿到最多愛心卡的是最終的贏家！」蓋圖耐心地解釋。

「原來是這樣！」孫莉恍然大悟地點點頭，然後不太有信心地看向箱子，雖然大概知道各種飲料的價格，但是那些玩具還有書……

一輪遊戲玩下來，孫莉竟然只猜對了橡皮擦的價格，甚至輸給約瑟夫，以最後一名慘敗。

「耶！我又是第一名！」蓋圖高興地跳起來，約瑟夫也在一旁跟著跳，雖然沒能贏過蓋圖，但是得了第二名，他心情也很好。

「啊……我輸了！沒想到竟然連零頭也要猜得一清二楚啊，這價格到底是誰定的？」

「市場定的啊！」蓋圖答道，「我每天都會去超市逛一圈，所以對這些商品的價格可是記得非常清楚呢！」

猶太智慧教養14

花錢購物＋用錢助人＝金錢的能量

「一分錢一分貨，多少錢能買到什麼東西，必須讓孩子自己去觀察和瞭解。」安妮笑著說：「另外，這張愛心卡，我剛才問的是如果捐給災區一個小朋友，讓他上學，需要多少錢，蓋圖馬上就回答出來了，雖然答案可能不太準確，但是蓋圖說得出來，表示他確實有用心在瞭解金錢這個概念。除此之外，孩子也能明白，金錢並不是只能買到商品，還能換取其他東西，這就是金錢的能量。如果孩子連金錢的能量也清楚瞭解，那麼對孩子的理財教育算是邁出了成功的第一步。怎麼樣，妳現在對於孩子的理財教育有了多一些認識嗎？」

孫莉點點頭，這真的是超乎她想像，本來以為只是簡單的購物小遊戲，沒想到竟然這麼耗費腦力。將記憶力、智慧和理財完美結合在一起的猶太教育，真的讓她受益匪淺！

金錢能換來什麼東西？猶太人在教育孩子認識錢、瞭解錢並學會花錢的同時，還注重引導孩子對金錢進行更深層的理解。

金錢並不是只能用來買東西，還能用來幫助人，這就是金錢的能量。猶太父母不希望孩子只懂得用金錢去買東西，他們還會讓孩子明白最有意義的「花錢」方式，是用錢幫助別人，避免孩子成為眼裡只有錢的人。

對於金錢，猶太父母認為，想要讓孩子懂得理財，應該先讓孩子注意身邊與金錢有關的細節，例如：同一件商品，可以在哪裡花更少的錢買到。猶太父母還會要求孩子學會記帳，列出每天的開銷，檢視哪些開銷讓金錢的能量發揮到了最大值、哪些開銷是可以避免的，讓孩子進行詳細的分析，以培養他們的理財能力。

金錢能換來什麼東西？猶太人在教育孩子認識錢、瞭解錢並學會花錢的同時，還注重引導孩子對金錢進行更深層的理解。

金錢有等級嗎？

——憑能力賺取金錢，不以功利看待金錢

猶太人認為，不能把錢分等級，只要不犯罪，自己憑能力賺來的錢，都是平等且有價值的。任何生意都可以做，任何錢都可以賺，不能把撿垃圾所賺的錢看成低賤的，也不能把那些有錢人、大老闆的錢看成高貴的。

「孫阿姨，我可以問妳一個問題嗎？」孫莉住在安妮家的第一個晚上，才剛幫忙哄睡約瑟夫，轉身就看見蓋圖歪著小腦袋站在她身後，一副愁眉苦臉的樣子。

她連忙把他拉到身邊，小聲問道：「可以啊，你想問什麼？」

「是這樣的。」蓋圖也壓低聲音說道：「那天我下樓丟垃圾，看見一個老爺爺在垃圾箱裡撿垃圾，還說他是在賺錢。垃圾也能賺錢嗎？難道不髒嗎？」

孫莉馬上想到的是垃圾箱裡有很多細菌，於是想也沒想就對他說：「當然很髒，你不可以學那個老爺爺去垃圾箱裡撿東西，知道嗎？」

「不能這樣教育孩子！」孫莉剛說完，就聽到安妮的聲音傳了過來。「蓋圖，你要記住，撿垃圾賺到的錢並不髒，明白了嗎？」安妮很認真地對他說道。

蓋圖一下子不知道該聽誰的，抬起頭看看孫莉，又看看安妮。

孫莉從來沒見過安妮這麼嚴肅的表情，頓時有些心虛，小聲問道：「安妮，是不是我說錯了什麼？」同時臉上漸漸發熱，神情尷尬地站在那裡。

垃圾髒，但是錢不髒？

「抱歉，孫莉，對不起，我說話太急了，妳別太在意啊！」

安妮覺得自己剛才的態度確實有些過分，連忙向她道歉：「我只是擔心蓋圖會受到錯誤觀念的引導，一時著急，就說了傷害妳的話，真對不起，妳千萬不要生氣。」

「沒關係，我不會生氣。」孫莉笑著問道：「妳剛才對蓋圖說的那句話，意思是？」

安妮拉著蓋圖走向客廳的沙發，孫莉也跟了過來。

「蓋圖，雖然垃圾很髒，但是你不能覺得撿垃圾賺來的錢也是髒的，明白嗎？」

看到蓋圖似懂非懂地點點頭，安妮繼續說：「這個世界上有很多工作，人們靠這些工作來賺錢，而工作並沒有貴賤之分，因為任何工作都必須付出勞力才能獲取金錢。所以，只要是循著正當管道付出自己的勞力所賺到的錢，也就沒有貴賤之分。你明白嗎？」

「我明白了，」蓋圖高興地說道，「老爺爺撿垃圾也付出了自己的勞力，所以老爺爺賺到的錢跟爸爸上班工作賺到的錢一樣，對嗎？」

「是啊，就是這樣。」安妮微笑著誇獎他：「蓋圖真聰明，一聽就明白了。」

蓋圖突然想起了什麼，轉頭又問安妮：「媽媽，這麼說來，賣棺材的叔叔賺到的錢並不可怕，他賺的錢也跟我們平時花的錢一樣，是嗎？」

「賣棺材的叔叔？哦，你是說前幾天看過的那個故事裡的叔叔嗎？」

原來，前兩天蓋圖讀到一個故事，內容是一個鎮上來了一位賣棺材的大叔，村民們都說他是一個可怕的魔鬼，雖然人們死的時候，親朋好友會向這個大叔買棺材，但是所有人都不肯碰他摸過的東西，包括金錢，所以賣棺材的大叔在這個鎮裡買不到任何食物和水，最後帶著一顆受傷的心無奈地離開了，而這裡的人就沒有棺材可用了。

「當然！」安妮看到這個故事的時候，本來想要趁機跟蓋圖多說一些觀念，但是他看完之後竟然什麼也沒問，她一直想找個機會讓他重讀一遍。現在看來，他並不是對這個故事沒有疑問，而是沒有找到機會發問。

「賣棺材賺的錢和我們平常花的錢一樣，不能因為這個職業特殊，就覺得他賺的錢和我們不同。你想想，那些錢一開始不都是村民的嗎？難道到了大叔手裡，這些錢就不是錢了嗎？」

「媽媽，我明白了。孫阿姨，妳也明白了嗎？撿垃圾老爺爺的錢並不髒哦！」

蓋圖解決了心裡的疑惑之後，竟然反過來「教」孫莉。

安妮看了，急忙開口喝斥：「蓋圖，不能這樣對阿姨說話。」

「嘿嘿……」蓋圖吐吐舌頭輕輕笑著。

剛才孫莉一直靜靜地聽安妮「訓話」，越聽心裡越後悔，要是安妮沒有及時糾正她的說法，蓋圖肯定會相信，以後就會戴著有色眼鏡去看金錢，這樣一來，她可就變成「罪人」了！因此，聽到安妮斥責蓋圖，孫莉連忙說道：「呵呵……沒關係的，這次我真的是好好上了一課。看來以後對孩子說話真的要深思熟慮，不然如果像今天一樣，把錯誤的觀念教給孩子，以後想再糾正就很難了。」

猶太人認為，不能把錢分等級，只要不犯罪，自己憑能力賺來的錢，都是平等且有價值的。任何生意都可以做，任何錢都可以賺，不能把撿垃圾所賺的錢看成低賤的，也不能把那些有錢人、大老闆的錢看成高貴的，錢是不分高低、貴賤的。

曾經有個猶太人在某次演講時，高舉一張嶄新的鈔票，向人群大喊：「有誰想要這張鈔票？」很多人都舉起了手。然後他把鈔票揉成一團，讓鈔票看起來皺巴巴的，又向人群問：「現在還有人想要這張鈔票嗎？」依舊有很多人舉起手。之後他把鈔票丟到地上，用力地踩了兩腳，再向人群問：「還有人想要嗎？」依舊有人高舉著手，想要這張鈔票。

他之所以這麼做，是想要告訴大家：錢沒有新舊、高低、貴賤之分，錢就是錢，即使皺了、髒了，仍具有錢本身的價值，不存在「好錢」和「壞錢」之分。

猶太人認為，不能把錢分等級，只要不犯罪，自己憑能力賺來的錢，都是平等且有價值的。錢是不分高低、貴賤的。

付出，該要求回報嗎？

——讓人心安理得接受你的付出，是一種尊重

華人父母總是教育孩子，為別人付出，不應該要求回報；猶太父母則認為，幫助別人應該是一種有償服務，一旦付出了勞力與時間，就必須為自己爭取應得的報酬，這樣對於助人者與接受幫助者都是一種尊重。

一直想著臨睡前發生的事情，孫莉在安妮家的第一個晚上竟然失眠了，第二天上班很沒有精神，出了好幾次錯。

快下班的時候，小劉拿著一張表格走過來，臉色看起來很不好。「孫莉，妳今天是怎麼回事？這是第幾次出錯了？幸好這些表格先傳到我這裡，要是直接傳給經理，妳早就被罵死了。妳是不是發生什麼事了？無精打采的！」小劉把手裡的表格交給她，擔心地問。

孫莉覺得一陣頭痛，趕緊用手按住太陽穴，嘆口氣回答：「昨天想了一晚上的事，沒睡好！」

「啊？和孟磊吵架了？」小劉嚇了一跳，趕緊問。

孫莉連忙擺手回答道：「沒有，昨天我在安妮家睡，臨睡前聽了她的一席話，心裡總是平

靜不下來，腦子一直轉。」

「哈？安妮說什麼了？」小劉好奇地湊到孫莉面前，見她的雙眼果然布滿了血絲，「還真是一夜沒睡的樣子呢。」

猶太商人的基本原則：既不少拿，也不多取

孫莉將昨天晚上發生的事情轉述給小劉聽，說完後，用雙手托著下巴，嘆了一口氣。「小劉，如果我這樣的人當了媽媽，是不是很不及格啊？我隨口一句話就差點把孩子教壞了，我真是越來越沒有自信當個稱職的媽媽了。」

「就是沒有自信，才要趁現在趕快做好功課，多向安妮學習啊！」小劉拍拍她的肩膀安慰道，「妳收拾一下，把剩下的工作帶回去做吧。看妳這個樣子，如果不好好休息的話，肯定又要出一大堆錯了。快走吧，反正也快下班了。」

孫莉這才發現公司同事走了一大半，想起今天早上答應安妮買些麵包回去，要是再不趕快去買，今晚他們就要挨餓了。於是趕緊整理一下，帶著厚厚一疊檔案匆忙地跑出公司。

趕到安妮家的時候，安妮正準備開始做飯。安妮見孫莉有些疲憊，不讓她在廚房幫忙，把她推回房間休息，直到吃飯的時候才把她叫醒。

「蓋圖，吃飽飯之後，能幫阿姨做一點事情嗎？」孫莉一邊吃飯，一邊想著公事，帶回來的檔案她都必須仔細檢查一遍，如果有人能幫她按照頁碼整理順序，真是再好不過了。

蓋圖想了一下，點頭答應。吃過飯之後，他就跟著孫莉回房間，幫忙整理檔案。

「啊！蓋圖，你真是幫了一個大忙，謝謝你，改天阿姨請你吃東西。」

孫莉確認所有工作都完成後，伸手抱了抱蓋圖，真誠地表達自己的謝意。誰知道蓋圖卻推開她，伸出手來說道：「孫阿姨，不用請我吃東西，給我工錢就行了！」

「啊？工錢？」孫莉睜大眼睛愣住了。

「對，工錢，一定要給工錢。」蓋圖強調。

「來，我給你一塊巧克力。」

孫莉從包包裡拿出一塊巧克力，塞進蓋圖的手裡，可是蓋圖卻拒絕了，大聲地說：「孫阿姨，我要工錢！我幫妳整理了快一個小時的資料，理應得到一定的報酬，那是我的勞動所得！」

「你是認真的啊？」孫莉張大了嘴，有些反應不過來。

「我幫阿姨做事，阿姨解決了難題，難道不該得到報酬嗎？如果阿姨不給我工錢，那我損失的時間該怎麼辦？要不然，阿姨也幫我做一個小時的事情？」

她想了想，原本要認同他說的話，但是又覺得不對勁。這孩子只是幫個忙就向人要錢，不太好吧，於是連忙笑著說：「可是你的時間不是都用來玩嗎？與其玩，還不如幫阿姨做點事情嘛。」

誰知蓋圖卻嘟著嘴，一臉不高興地回答：「誰說我的時間都拿來玩了？我也有很多自己的事情要做。比如，剛才我為了幫阿姨做事，損失一個小時的讀書時間，接下來，為了彌補這段

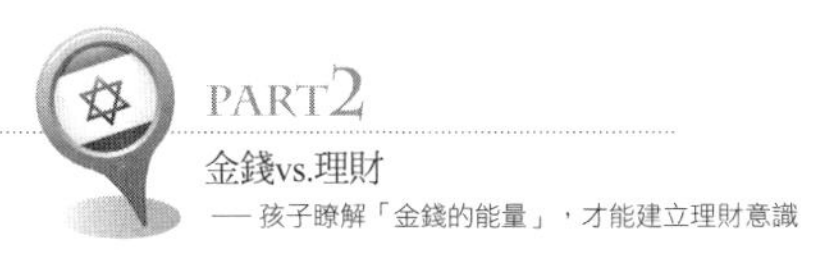

時間，我必須晚睡才行，阿姨難道不應該付工錢嗎？」

「這……呵呵……」孫莉乾笑兩聲，心想這應該是安妮教的吧：不能白白幫別人做事情。不過，她心裡還有疑問，「可是蓋圖，你平時不是也幫媽媽做家事和照顧弟弟嗎？你做這些事，難道也會向媽媽要工錢？」

「當然不會，」蓋圖回答，「因為媽媽為我和約瑟夫還有這個家做了很多事情，我理應幫忙媽媽分擔家務。但是如果是媽媽私人的事情需要我幫忙，她也會付工錢給我。」

「原來是這樣啊。」孫莉已經不知道該說什麼，應該佩服還是該鄙視安妮的教育方式呢？她覺得一定是昨晚沒睡好，現在大腦缺氧轉不動了。

「那我該付給你多少工錢呢？」最後，她只好這樣問。

「五塊錢就夠了！」蓋圖伸出五根手指頭，對著她笑。

孫莉又愣了一下，本來以為按小時計算，再怎麼樣也得付個幾十塊錢吧，怎麼最後才五塊錢呢？

「五塊錢就夠了？」

「當然，夠了！」蓋圖點頭說道，「因為只是幫阿姨整理頁碼，這種事情太容易了，按照工作的難易度，五塊錢已經很多了。」

「好吧。嗯……」她覺得這樣挺合理的，於是拿出錢包，翻了半天卻找不到五塊錢，最小的面額就是十元了，該怎麼辦呢？

「這樣吧，給你十元，五元的工錢，五元的小費。」

她「大方」地拿出十塊錢遞到蓋圖面前，正要往他手裡塞，就聽到他說：「不行，媽媽說過，只能拿自己應得的那份報酬，多餘的錢我不能要。阿姨，妳再找找，真的沒有零錢了嗎？」

猶太智慧教養16

付出多少，就該收穫多少；獲得金錢，也要贏得尊敬

「沒有了……」她把錢包打開，拿到他面前。

蓋圖想了想，說道：「孫阿姨，妳等一下，我去拿零錢來給妳。」

孫莉趕緊拉住他，對他說：「不用，不用，反正沒多少錢，就當阿姨答謝你的。」

他卻搖搖頭，認真地說：「不行！我不能白幫阿姨的忙，也不能多要阿姨的錢，這是作為商人的基本原則！」

「商人啊……呵呵……」孫莉無奈地笑出聲來，看著蓋圖跑去找零錢了。

今天，她又對安妮一家的理財教育有了新的認識和理解，真是令她大開眼界。

不白白幫人做事，但也不拿不屬於自己的那份報酬，難怪猶太人在經商方面那麼出眾，原來是從小就在家庭中接受這樣的教育，真的是很實際、很用心的一種教育方法。

猶太父母在教育孩子時，經常說：「幫助別人應該是一種有償服務，這樣才能讓對方心安理得地接受自己的付出，有償服務對於助人者與被幫助者都是一種尊重。」

「有償服務」除了能教導孩子尊重別人之外，還能培養孩子的賺錢能力，讓孩子明白，必須付出勞動，才能換取回報。

此外，因為幫助他人是有償的，所以更容易培養孩子的責任心——必須百分之百地負責，圓滿地完成對方交代的任務，這樣才能賺到應得的報酬。

當然，既然是報酬，就該付出多少收穫多少。孩子能做的事情有限，獲得的報酬本來就不多，所以很多人會想多付一些錢給孩子。但是猶太父母一向教育孩子，做多少事就接受多少報酬，只能領取屬於自己的那份報酬，不能貪心。

猶太父母的這種觀念，是把孩子當成平等的個體，以此教育孩子如何成為一名優秀的商人，既能獲得金錢，又能贏得他人的尊敬。

「有償服務」除了能教導孩子尊重別人之外，還能培養孩子的賺錢能力，讓孩子明白，必須付出勞動，才能換取回報。

想賺錢，先思考！

——如何讓人想到服務，第一個就想到你

猶太孩子在賺錢的時候，會多為對方著想，思考什麼是適合對方的、對方最需要的是什麼、怎麼做才能既滿足對方需求又讓自己獲利等等。這些問題聽起來很不可思議，卻是每個猶太孩子在賺錢時都會考慮到的細節。

孫莉對於蓋圖口中的「商人原則」很感興趣，打算等一下好好跟他聊一聊，可是一抬頭卻看到安妮，蓋圖則是低著頭跟在後面。

「怎麼了？」她急忙站起來問道。

安妮一臉抱歉地看著她，把十塊錢遞到她手裡。「真是對不起，剛才我已經聽蓋圖說了他向妳索取工錢的事，妳一定很為難吧，千萬別生氣啊！」

孫莉看著手裡的錢，又疑惑地看著蓋圖。他有些委屈地低著頭，顯然不太服氣。於是，她急忙搖頭說道：「不行，安妮，這錢一定要給蓋圖，他既然付出了勞力，就應該得到報酬，不是嗎？妳和維茲既然這麼教他，就要澈底實踐，不能因為我倆的關係而破壞這個原則啊！」

「可是……」

雖然安妮知道現在批評蓋圖會對往後的教育造成不良影響，但是這裡畢竟不是猶太人的故鄉，她擔心萬一孫莉不能接受這種觀念，反而破壞她們之間的友誼，就糟糕了。

不過，事實似乎比她想像的好些，孫莉看來並不生氣，似乎也接受了蓋圖的行為。

迴紋針換大生意？──機會藏在細節裡，思考還能為別人做什麼

「妳真的能接受嗎？」她小心翼翼地問。

「當然。這不是你們猶太人的教育方式嗎？我當然可以接受。妳不用顧慮我，我還想向妳討教一下關於這方面的教育呢！」

聽到孫莉這樣說，安妮鬆了一口氣，笑著對她說：「我真怕妳會生氣，畢竟我們教育孩子『有付出就要有回報』，跟你們的觀念有些差別。」

「蓋圖，過來。」孫莉對他淺淺一笑，舉起手裡的錢，「這是你應得的，拿去吧。」

蓋圖猶豫地看了安妮一下，見她點頭，才開心地接過了錢，然後把一枚五元硬幣放在孫莉的手心，「孫阿姨，這是找妳的錢。」

「哈哈……好。」

孫莉沒有推辭，把錢收下來，卻發現除了硬幣，還多了一樣東西。拿起來一看，原來是幾根迴紋針。

「為什麼要給我迴紋針？你是不是拿錯了？」她很納悶地問。

「這是我額外送給孫阿姨的贈品。」蓋圖揚起小臉，興高采烈地指著書桌上的一堆檔案解釋道：「我剛才在整理的時候，發現孫阿姨的檔案其實可以分成幾大類，用釘書機固定在一起好像不太方便，所以我就找了幾根迴紋針，這樣分類固定之後，找檔案就方便多了。」

「原來是這樣，我怎麼沒有想到，蓋圖真是太聰明了，幫了我一個大忙！那麼，這幾根迴紋針就當成阿姨向你買的，把這五塊錢給你，怎麼樣？」

孫莉拿著他剛才遞還的五塊錢，往他手裡塞。

誰知他竟然往後退了一小步，躲開了。

「不想要？」孫莉皺著眉頭問道，「還是嫌這些錢太少？」

「不是的，阿姨千萬不要誤會，」蓋圖有些著急地解釋，「剛才我已經說了，這些是贈品，既然是贈品，當然不能再拿阿姨的錢啊！」

「這些迴紋針幫了我一個大忙，既然如此，不是應該給你報酬嗎？」孫莉被弄糊塗了。

「蓋圖，還不快向孫阿姨解釋清楚。」

安妮嚴肅地看著蓋圖，要求他說得清楚一點。

蓋圖點點頭，說道：「這是爸爸教我的。幫助別人的機會很多，賺錢的機會也很多。有時候，多為他人想，就能讓自己得到賺錢的機會。在服務他人的同時，要盡可能多幫助他人……如果我的服務能讓對方滿意，那麼以後這個人需要幫助的時候，就會立刻想到我。所以我每次幫助別人，都會動腦筋想想對方最需要什麼服務，要怎麼做才能讓對方滿意我的服務，這樣一來，我就有賺不完的錢了，雙贏！」

說完之後，他調皮地比出一個V，開心地笑了。

安妮推了推孫莉，笑著問她：「妳知道剛才吃飯的時候，為什麼他會猶豫一下，才答應幫妳嗎？」

孫莉愣了一下，心想：難道其中也有什麼玄機嗎？

猶太智慧教養17

為對方著想，各取所需，才是真正的勝利

「他不是在考慮有沒有空嗎？」

「這只是其中一個原因。」

安妮笑道，臉上的表情非常詭異與神祕。接著，她湊近孫莉的耳邊輕聲說：「其實他是在想，有沒有可能把妳變成『長期客戶』，從妳身上賺取更多錢。」

「啊？竟然是這樣？年紀這麼小就有這種想法，太難得了！」

孫莉難以置信地看著一旁的蓋圖，不禁感嘆：猶太父母教出的孩子，真令人刮目相看啊。

猶太父母從小就開始培養孩子的經商頭腦和理財能力，他們會教育孩子，想要賺錢就必須動腦子想辦法。此外，他們經常教育孩子，與客戶合作的時候，要想盡辦法賺取錢財，還要進行長遠規畫。要判斷這個客戶與自己有沒有更多合作機會，如果有的話，要用什麼方法才能使客戶對自己的服務滿意，讓他願意以後一旦有其他合作機會，會先想到與自己合作。

這些商業理念看來深奧，甚至有些難以理解，但是猶太孩子確實從小就接受這樣的教育。

在家長的引導下，猶太孩子在賺錢的時候，會多為對方著想，思考什麼是適合對方的、對方最需要的是什麼、怎麼做才能滿足對方的需求又讓自己獲利等等。這些問題聽起來很不可思議，卻是每個猶太孩子在賺錢時都會考慮到的細節。

猶太父母會向孩子灌輸「雙贏」的經商理念，雖然商場如同戰場，但是不能只顧著自己賺錢，而是讓雙方都獲勝，得到自己想要的，都能各取所需，才是真正的勝利。

總之，雙贏才是長久的賺錢與經商之道！如何打贏這場戰役，必須靠孩子自己動腦筋想辦法，運用智慧打一場漂亮的「商戰」！

節儉是必備的素養，但不是致富唯一途徑

猶太父母在教導孩子理財的時候，也會將節儉的美德灌輸給孩子，讓孩子知道節省每一分錢、以較低的價格買下一件商品時，那種自豪和成就感是無法形容的。即使是有錢人的家庭，也會要求孩子學習節儉，不亂花每一分錢。

連續幾個晚上住在安妮家，孫莉學到了許多前所未聞的教育理念與方式，深受啟發。每天吃過晚飯之後，她會陪蓋圖和約瑟夫讀一會兒書，不上網，也不看電視。這樣寧靜的生活，讓她覺得自己的心靈變得非常平靜，每天都過得很開心。

這天快下班的時候，孫莉接到安妮打來的電話。

「孫莉，妳今天下班後，和我們在超市碰面吧，我想去買一些東西。」

「好啊！」她欣然同意。下班後，直接奔向約定的地點。

「蓋圖、約瑟夫，今天有沒有想阿姨啊！」一見到他們，孫莉立刻熱情地打招呼。

「想！」兩個孩子不約而同地回答。

「哇！」聽到他們這麼說，孫莉開心地從包包裡拿出幾顆糖果，「這是阿姨特地買給你們的，很好吃喔，你們一定會喜歡。」

小約瑟夫一見到糖果就高興地舞動雙手，用稚嫩的聲音喊道：「甜！糖！」

「聰明！糖是甜的。」

孫莉捏捏他的小臉，與安妮一起帶著兩個孩子走進超市，在形形色色的商品架之間穿梭，挑選需要的商品。

比價、採買、記帳，讓小管家作主！

「媽媽，這兩種麵包有什麼不同？」

蓋圖抱著兩袋麵包跑到安妮身邊，左看看，右看看，似乎在猶豫要選哪一種。

安妮也認真地看看兩種麵包，發現除了品牌不同，配料和重量及口味基本上沒什麼兩樣，於是搖頭說：「媽媽也看不出有什麼差別，你想要哪一種就拿哪一種吧！」

蓋圖跑回拿麵包的地方，很認真地向售貨員詢問了些什麼，不一會兒又開心地抱著其中一袋麵包跑了回來。

「媽媽，我們就買這種吧，我問過售貨員阿姨了，這兩種確實差別不大，但是便宜了三塊錢喔！」

「嗯，好的，就聽你的吧，買便宜的。」

「我再去看看還有沒有更便宜的。」說完，他又興匆匆地跑到貨物架前，認真地觀察琳琅滿目的商品。

孫莉驚訝地說：「沒想到蓋圖這麼節儉！」

在她的印象中，身邊親朋好友的孩子一進超市，只挑貴的東西，因為他們覺得貴的才是最好的，不然就是完全憑自己的喜好決定要買什麼，完全不管價格。像蓋圖這樣會認真比較價格，挑選最便宜商品的孩子，她還是頭一次見到，不由得對安妮更加佩服。如果不是她平時教得好，孩子怎麼會這麼懂事呢？

「妳真會教孩子，這麼小就懂得節約！」

聽了她這麼說，安妮微笑著說：

「其實我們猶太民族一向很注重節約，許多大富豪都過著十分節儉的生活，也會培養孩子的節儉意識。有錢人家裡都這樣，更別說我們這些小市民了，讓孩子懂得節約，既可以為家庭減輕一些經濟負擔，又能讓他們學會不浪費。」

「可是蓋圖才六歲，要把這麼小的孩子教成這樣可不容易呢！我有許多朋友都恨不得把全天下最好的東西買給孩子，根本不可能要求孩子節約過生活。所以現在的孩子，尤其是這麼小的孩子，能有節儉的意識已經很棒了。」

孫莉由衷讚美著安妮和蓋圖，並且想像著自己將來一定要教育孩子學會節儉，想著想著，嘴角不禁上揚。

有個「小管家」幫忙比價、挑選商品，安妮和孫莉樂得輕鬆，不一會兒就挑好了今天晚上需要的食材，又買了一些生活必需品，大夥一人拎著一個袋子回家。

回到家後，孫莉在廚房裡準備晚餐，安妮則和蓋圖在客廳裡記帳。

「馬上就可以吃飯了，你們收拾一下，吃完飯再算吧！」

孫莉在廚房忙了半天，出來的時候，依然看見安妮和蓋圖還在比對著帳本，母子倆你一言我一語地討論，像是完全沒有聽到她的話。

「媽媽，家裡已經有兩件圍裙了，妳昨天不該再買一件的。」蓋圖嘟著小嘴，竟然批評起安妮來。

「確實沒錯。不過我也發現，你最近好像特別喜歡買本子，你已經有不少本子了，可是你今天好像又買了？」安妮一邊承認自己的錯誤，一邊糾正兒子。

「呃……媽媽，我錯了。我只是覺得這本子很好看，忍不住就買下來了。」蓋圖趕緊低頭認錯。

安妮板著面孔，認真地說：「在你用完這些本子之前，不能再買了！知道嗎？」

「嗯，媽媽，我記住了。」

「不過，這個月的總花費比上個月少了一百多元，還不錯。」安妮說道。

「真的嗎？」蓋圖睜大雙眼，見媽媽用力點頭，高興地跳了起來，「哇，真是太好了，這樣下去，我們就會省下很多錢，變成大富翁。對不對，媽媽？」

猶太智慧教養18

賺錢是天職，省錢、存錢，也要會賺錢

「不對。」

安妮的回答像一桶冷水澆在蓋圖頭上，他瞬間垮下臉，問道：「為什麼不對呢，媽媽？」

「因為財富並不是只靠節省下來的錢累積起來的！我們想要獲得更多財富，想要成為大富翁，就必須設法賺錢。也就是說，存錢和財富並不能畫上等號。」

「哦。那我們該怎麼做，該怎麼賺錢，才能累積財富呢？」

安妮指指自己的腦袋，笑著對蓋圖說：「當然是靠我們的智慧去賺取更多錢，這樣才能獲得更多財富。記住，努力節省並不能賺到我們需要的錢，這樣累積的財富是有限的。」

雖然安妮的話有點難以明白，但是蓋圖若有所悟，鄭重地點點頭，信誓旦旦地說：「媽媽，我明白了，我會努力靠自己的智慧賺錢，讓媽媽也成為有錢人。」

孫莉在一旁聽了，再次深受感動，心想蓋圖要是自己的孩子該有多好啊！

猶太父母在教導孩子理財的時候，也會將節儉的美德灌輸給孩子，讓孩子知道節省每一分錢、以較低的價格買下一件商品時，那種自豪和成就感是無法形容的。即使是有錢人的家庭，也會要求孩子學習節儉，不亂花每一分錢。

猶太父母教孩子節儉，是從生活中的小事開始。例如在日常生活中，我們會買下很多用不到的東西，造成浪費。針對這種情況，猶太父母會告訴孩子，用錢的時候要制訂計畫，知道哪些錢該花、哪些錢不該花，盡量避免不必要的消費。

雖然節儉能為我們省下一大筆開銷，猶太人卻認為，只靠省下來的錢，無法累積成巨大的財富；想要擁有更多財富，必須靠自己的智慧去賺錢。因此，猶太父母在教孩子節儉的同時，也會提醒他們：節儉是必要的，但不是增加財富唯一的途徑。

打造孩子的商業腦
——從借錢給六、七歲的孩子做生意開始？

猶太父母認為，孩子的財商要從小培養，所以在孩子六、七歲時，他們就會借錢給孩子，教導孩子如何利用這些錢去做些小生意，再用做小生意賺到的錢去賺更多錢，以此訓練孩子的經商頭腦。

星期日吃過早餐之後，孫莉和孟磊一起在家大掃除。最近他們不是忙著工作，就是往安妮家跑，已經很久沒有做家事了，確實需要好好打掃一番。

「老婆，這些厚紙板怎麼處理？放著太占空間了。」孟磊從書房裡找出一堆厚紙板，孫莉皺起了眉頭說：「這是什麼時候買的？我怎麼都沒印象了？你看著辦吧！」

「不然就回收吧？」

「好像太可惜了？」

她蹲下拿起紙板戳了戳，雖然放久了有點泛黃，但是感覺還很耐用，這下該怎麼辦呢？

「反正我用不著，如果妳也用不到，乾脆拿去回收。」孟磊原本就不想打掃，看著越收越亂的屋子，更是心煩意亂，「怎麼這麼多垃圾？趕緊收拾乾淨吧，都快沒地方站了。」

「知道了，馬上就收好了。」

孫莉揮揮手，把他趕到另一個房間，正想彎腰去拿那些厚紙板時，電話響了。

你眼中的「垃圾」，可是孩子的一門生意！

「孫阿姨，是我，妳在家嗎？」

電話那頭傳來蓋圖的聲音，孫莉心想：不會是要來我家玩吧？可是這裡一團亂，怎麼讓客人過來啊？於是她連忙回答：「在家，只不過……」

可惜話只說了一半，就被蓋圖興奮的聲音打斷了：「太好了！媽媽，孫阿姨說她在家，我們現在就過去吧！」

「啊？喂……」

「孫莉，我們出來散步，正好走到妳家附近，現在就過去囉！」電話被安妮接了過去，孫莉還來不及答腔，電話就掛斷了。

「怎麼了？」孟磊聽到電話聲，走出房間問道。

「安妮和蓋圖要過來！天哪，家裡這麼亂，怎麼好意思啊！」她抱頭驚叫，可憐兮兮地看向孟磊。

「妳這樣看我做什麼啊，我也沒辦法，有時間發呆，還不如快點把東西收好。這些垃圾，能丟的就丟了吧，留著又沒什麼用。」孟磊無奈地說。

想了半天，她也不知道該怎麼處理這些厚紙板，只好同意讓孟磊拿去回收了。

「孫阿姨，孟叔叔，我們來了。」

孟磊正要開門，安妮和蓋圖已經到了，他連忙把他們請進家裡。孫莉不好意思地說道：「真是抱歉，我沒想到你們今天會過來，正在打掃呢，家裡一團亂，你們隨便坐吧。」

「哇，孫阿姨，妳家好多東西啊。」蓋圖一邊好奇地張望，一邊問孫莉：「孫阿姨，這些東西妳平常都放在哪裡？」

「啊？嘿嘿……阿姨也不知道放在哪裡，反正現在這些東西都像魔法般變出來了。」孫莉尷尬地笑道。

「蓋圖，不能沒有禮貌。」安妮連忙制止蓋圖發問，「孫莉，有什麼需要幫忙嗎？」

「是啊，阿姨，我也來幫忙整理吧。」

蓋圖熱情地揮舞著小手，看看有什麼是他搬得動的東西。

孫莉趕緊攔住他，對安妮笑道：「不用幫忙，收拾得差不多了，這堆東西都是要丟掉的。」

「啊？丟掉？可是這些東西還能用啊。」蓋圖有些惋惜地說。

「有些東西能賣就賣，其他的全要丟掉。確實有點可惜，但是都用不到了。」孫莉答道。

蓋圖連忙問道：「能賣給我嗎？」

她吃了一驚，蓋圖怎麼對這些東西這麼感興趣？不過，既然他想要，不如就送給他吧。

「你想要什麼東西，就直接拿走吧。」

「不行，我一定要付錢。這個，還有這個，還有這些。媽媽，我可以先向妳借錢嗎？」

蓋圖很有眼光，一眼就看上那堆厚紙板，還有一些小玻璃球和彩帶，都是孫莉現在用不到卻又捨不得丟掉的小東西。

「不用給錢，我也不知道該怎麼處理這些東西，你要是能帶走，可真是幫了我一個大忙。」

「就是啊，還省得我下去跑一趟呢。」孟磊也在旁邊附和。

然而蓋圖堅持付錢買下來，還鄭重地再向孫莉確認，這些東西她是不是真的用不到了。見孫莉點頭，他又請安妮大致估算了一下這些東西值多少錢，最後把錢硬塞進孫莉的手裡。

「這怎麼行呢，安妮，妳快替他把這些錢收起來。」

猶太智慧教養 19

不做虧本生意，商機就在你不要的東西裡！

「請你們一定要收下這些錢。放心，蓋圖絕對不會做『虧本生意』，他覺得這些東西有用，能換來更多錢，才會買下來。所以你們不必推辭，心安理得地把錢收下就是了。」

「……啊？這是怎麼一回事？」孫莉和孟磊不太明白，「蓋圖是在做生意啊？」

「是啊，這些東西能幫我賺大錢呢！這是爸爸教我的賺錢方法，謝謝媽媽借錢給我，我會還給妳的。」

蓋圖像是如獲至寶，開心地看著孫莉口中的那些「垃圾」，心裡不停盤算要怎麼用它們來

「賺大錢」。

後來孫莉和孟磊才知道，這正是猶太家庭獨特的理財教育，父母借錢給孩子，讓孩子運用這些錢來做些小生意，同時還會教孩子如何用錢去賺更多的錢。

猶太父母認為，要從小培養孩子的財商，所以在孩子六、七歲的時候，他們就會借錢給孩子，教導孩子如何利用這些錢去做些小生意，再用做小生意賺到的錢去賺更多的錢，以此訓練孩子的經商頭腦。

猶太父母經常教育孩子，只要敢想、敢做、敢冒險，世界上的任何東西都蘊藏著商機，都有可能賺到錢。

因此，他們會鼓勵孩子：一旦看上了某樣東西，即使它在別人眼裡是最沒用的垃圾，只要你認定它能為你帶來財富，那麼就按照自己的想法去做，把它們真正變成金錢。

如果孩子懂得用最少的投資賺取最多報酬，就表示他已經初步具備成功商人的特質了。

猶太父母經常教育孩子，只要敢想、敢做、敢冒險，世界上的任何東西都蘊藏著商機，都有可能賺到錢。

誠信為財富之本

——身體力行，教導孩子重視合約精神

猶太父母經常提醒孩子：做人首先要講究誠信，只有以誠信為基礎，才會得到他人的認可和信任，才能賺取更多的錢財，擁有巨大的財富。他們會以各種實際的方式引導，例如和孩子簽訂合約，藉此讓孩子親身體會何謂誠信。

自從蓋圖把那堆「垃圾」抱走之後，孫莉一直很好奇他要怎麼利用這些東西賺錢。這天，她一下班就直奔安妮家。

「蓋圖，快告訴我，那些東西為你賺到錢了沒？該不會已經丟了吧？」

孫莉一進門就去找蓋圖，在他的房間裡四處張望，看看能不能找到那堆「垃圾」。不過，她沒有發現任何蛛絲馬跡，倒是桌上幾個色彩鮮豔、形狀別致的小飾品引起了她的興趣。

「這些是什麼？」

她走到桌前，拿起一個小飾品認真地端詳。這是一個很漂亮的小房子，上面的裝飾品越看越覺得眼熟，圓形的燈好像是她家的小玻璃球，漂亮的窗簾似乎是她想丟掉的彩帶……咦，這個屋頂和牆難道是用她家的厚紙板做出來的？

「這是真的嗎？」她激動地問，「這是用那些垃圾做出來的？」

「當然是真的，」蓋圖驕傲地說，「我只用了一個多星期，就做出五、六個這樣的小房子，而且已經賣出兩個了，『材料費』早就賺回來了呢。」

說到材料兩個字時，他的音量特別大，彷彿擔心孫莉聽不到似的，還一直對她眨眼睛呢。

親子之間也要簽訂合約？

「蓋圖，看來你真的是發了一筆小財啊！」

孫莉由衷地發出讚嘆，愛不釋手地把玩這個小房子，越看越喜歡。真沒想到那幾塊紙板、玻璃球，再加上彩帶，竟然可以變成這麼出色的作品。更讓她想不到的是，蓋圖的手藝竟然這麼棒。

「蓋圖，沒想到你的手這麼巧，可以做出這麼複雜的東西。」

「這可不是他一個人的功勞，裡面也有我的心血呢。」安妮端著茶點走進來，「這是由維茲設計，由我製作完成的。」

「原來是全家合作啊，真棒！」孫莉一邊笑道，一邊心想：對嘛，一個六歲的孩子，怎麼可能這麼厲害，做出這麼漂亮的工藝品呢！

「呵呵！」蓋圖在一旁笑著。

孫莉喝了兩口茶，視線又投向桌子，上面擺了另外兩個用厚紙板做的工藝品，還沒有上色，裝飾也只完成了一半，算是半成品吧。接著，她突然發現桌上有一張紙，以為是維茲的設計圖，好奇地拿起來一看，驚訝得差點把口中的茶噴出來。

「咳……咳咳……這、這是什麼？」

「哦，這是我和爸爸簽的合約。」蓋圖很自然地回答。

「我，知道這是合約，可是這上面的內容……」

她又認真地看了手裡這份簡易合約，眼睛越瞪越大。

甲方蓋圖，乙方維茲，甲方請乙方幫忙設計並輔助裁剪，甲方待作品完成後七個工作日內支付乙方勞務費用。若甲方對設計不滿意，可要求修改；若甲方拖欠費用，乙方有權起訴……

「這，這是什麼啊！怎麼……蓋圖真的要支付設計費給維茲嗎？」

她不敢相信自己的眼睛，把那張紙反覆看了好幾遍，又轉頭向安妮一再確認。

安妮很不解地看著她，認真地點了點頭，「當然啊，因為維茲幫他設計了這些東西，他當然必須支付費用。」

「可是，你們是他的爸爸媽媽，這樣做是不是有點太那個，太沒有人情味，太……」她想說些什麼，可是總表達不出心中最真實的感覺。

「孫莉，不管妳怎麼想，我要告訴妳的是，這樣做對我們和孩子來說，都是一件很好的事情。」

「這……和孩子簽合約……很好？」她驚愕地問。

「沒錯！和孩子簽合約，是要趁早教他如何做生意，更要讓他明白，合約對於合作的雙方來說有多重要，這些都是他必須早早接觸的知識。」

「最重要的是，我們要用這種方式告訴孩子，做生意時一定要講誠信。合約，就是雙方表達誠信的一種方式，是一種承諾，必須要遵守的承諾，如果不遵守，就要付出代價。」

猶太智慧教養20

做人要守信用，做生意要重承諾

孫莉聽了安妮這番話，突然有種當頭棒喝的感覺。原來家庭成員間也可以訂定合約，以此來達成一種信任，一種建立在法律基礎上的信任關係。

和孩子簽合約，確實很有教育意義，確實是一件好事。但是華人父母一時之間恐怕還無法接受這個觀念吧！

猶太人認為，不僅做人要講求誠信，做生意更要守信用，這樣才能成為出色的商人，生意才會越做越大。也就是說，誠信可以賺到更多的財富。

所以，猶太家庭在對孩子進行理財教育時，會將誠信當成重點，告訴孩子什麼是誠信，唯有建立在誠信基礎上的生意才會長久。

猶太父母會經常提醒孩子：做人首先要講究誠信，只有以誠信為基礎，才會得到他人的認可和信任，才能賺取更多的錢財，擁有巨大的財富。

除了以身作則之外，猶太父母還會以各種實際的方式引導，例如和孩子簽訂合約，藉此讓他們親身體會何謂誠信。父母一旦與孩子簽訂了合約，雙方就必須按照合約上的條款行事，違反條款，就等於破壞了誠信。

不遲到，不拖延、不浪費

——時間就是金錢，從小建立守時意識！

雖然中國人常將「一寸光陰一寸金」這句俗語掛在嘴上，卻不比猶太人瞭解其中道理。猶太人可以說是世界上最重視時間、最不浪費時間的民族，他們明白時間就是金錢，在孩子很小的時候，猶太父母就會教導他們要珍惜時間，不能隨便浪費。

轉眼間，孫莉和維茲已經當了大半年的同事，和安妮之間也有了深厚的友情，兩人之間的話題越來越多，彼此的來往越來越密切。

這個週六，孫莉和安妮約好一起去逛街買衣服，說好了上午九點在賣場見面，可是孫莉剛坐上公車，沒想到就開始塞車了，直到快十點才趕到約定的地點。

一下公車，孫莉遠遠就看見安妮牽著蓋圖的手，東張西望地在找人。她快速跑向他們，一邊喘氣，一邊向他們道歉。

「對不起，我遲到了……你們是不是等很久了？」

「沒多久，倒是妳，沒發生什麼事吧？」安妮看她跑得這麼快，有些擔心地問。

「沒……沒有，路上塞車了，本來想打電話給妳，可是竟然忘了帶手機。唉……」

「原來如此，我心想怎麼打電話也沒人接，還以為妳出了什麼事呢，嚇死我了。看看妳，跑得滿頭大汗，我去買幾瓶水，妳和蓋圖在這裡等我。」

安妮鬆了一口氣，不等孫莉開口說話就去買水了，留下孫莉和蓋圖大眼瞪小眼。

時間的價值？半個小時就是一筆寶貴的財富

「孫阿姨，妳太不守時了，」蓋圖板著臉孔，怒瞪著孫莉，不客氣地對她說，「明明說好九點到的，為什麼都快十點了才來呢？」

孫莉乾笑兩聲，許久說不出話來，心想：這個小鬼頭怎麼開始指責我了？

「沒辦法，阿姨也想準時來啊，可是沒想到今天路上會塞車，所以就來晚了。等會兒阿姨買好吃的東西請你們，當作賠罪，好嗎？」她討好地說道。

沒想到，蓋圖不僅不領情，反而質問：「時間這麼寶貴的東西，阿姨賠得起嗎？」

她被這麼一問，頓時說不出話來。她當然知道時間很寶貴，可是蓋圖也未免太小題大作了吧，怎麼能這樣當著眾人的面「罵」她呢？再怎麼說她也是個大人啊！

「臭小子，就算阿姨遲到了不對，但阿姨不是道歉了嗎？再說，阿姨也不是故意的，才晚到半個多小時而已，有什麼賠不起的？你今天是在哪裡受了氣，所以拿我出氣嗎？你幫我留點面子好不好呀？」

她也模仿他的姿勢，佯裝生氣地瞪他。

誰知蓋圖一點也不想顧及她的面子，而且似乎並不覺得自己訓斥大人有什麼不妥，理直氣壯地回嘴：「我才沒有拿阿姨出氣呢，我只是就事論事。時間就是我們的生命，半個小時就是一筆十分寶貴的財富，有了這麼多時間，一個成功的商人都能賺到不少錢了呢。」

「但我們是普通人，並不是商人。再說，我們出來也只是逛街嘛，沒必要那麼斤斤計較，我的小蓋圖。」

「誰斤斤計較？阿姨，我和媽媽出門前都算好時間了，把路上可能會塞車的時間也算進去，提前二十分鐘出門，而且已經商量好要去逛哪些店、要買些什麼，中午十二點之前就要把所有東西買齊。可是因為阿姨遲到了，我們不得不重新調整計畫，事實上直到現在為止浪費了快一個小時，我和媽媽的生命就這樣白白流失了！」

小蓋圖振振有辭，越說越激動，一副誓不罷休的樣子。

雖然他的聲音不算大，但也不小，不少路人投來詫異的目光。孫莉臉上又是一熱，連忙跨前一步伸手堵住蓋圖的嘴，「好了，好了，當著這麼多人的面，你這小鬼頭亂叫什麼呢！我們快去找你媽媽，早點逛完，這樣行了吧？快走吧！」

蓋圖掙扎了兩下，最後憤憤地悶哼兩聲，終於安靜下來。孫莉慢慢鬆開手，拉著他說道：「阿姨真的知道錯了，以後再也不敢遲到了，小蓋圖就原諒阿姨這一回吧，好嗎？」

「哼……」蓋圖冷冷哼了一聲，瞥了她一眼，臉色終於緩和了一點，「好吧，這次就原諒阿姨，下不……呃……梨？」

他突然忘記這句成語的中文是怎麼說的，想了半天，孫莉趕緊提醒他：「下不為例！」

「對！下不為例！」蓋圖又不高興地哼了一聲。

猶太智慧教養21

浪費一分鐘，就可能失去一個良機

「哈哈！」孫莉被他可愛的模樣逗得哈哈大笑，雖然挨了一頓「訓話」很委屈，但自知理虧，所以心情平和了許多，沒有把蓋圖的「不禮貌」放在心上。

這件事讓孫莉深深地感覺到，猶太人很珍惜時間，把時間看得和財富一樣重要。想想之前和安妮約會的時候，安妮總是很守時，自己卻總是晚到，不由得心虛地吐了吐舌頭，心想以後再和別人約，必須把時間計算好，避免遲到。

雖然中國人常將「一寸光陰一寸金」這句俗語掛在嘴上，卻不比猶太人瞭解其中道理。猶太人可以說是世界上最重視時間、最不浪費時間的民族，他們明白時間就是金錢，時間更是生命，浪費一分鐘，可能就會失去一次機遇。所以，在孩子很小的時候，猶太父母就會教導他們要珍惜時間，不能隨便浪費。

在日常生活中，猶太人的時間觀念很強，他們會先制定計畫，並且有效率地完成。

猶太父母從孩子小時候開始，就要求他們詳細列出每天的計畫，什麼時間要做什麼事情，這件事情會從幾點幾分做到幾點幾分等等。計畫列好之後，要嚴格按照時間表去執行，不能遲到，也不能拖延。

心平氣和的賺錢智慧
——做生意要和氣，有糾紛要控制脾氣

猶太人認為，賺錢應該是一件愉快的事情，所以他們會教育孩子「和氣生財」的觀念，做生意時要心平氣和，與客戶發生糾紛時要控制自己的情緒，否則不僅生意難做成，還會使自己變成金錢的奴隸，讓賺錢失去了原本的意義。

安妮和維茲有事要去外地兩天，只能把小約瑟夫帶在身邊，所以把蓋圖託付給孫莉，讓她幫忙照顧。孫莉很高興地答應了，這兩天下班都早早回家，陪蓋圖一起讀書學習。和孩子一起生活，倒也十分有趣。

「蓋圖，你媽媽今晚就回來了，我邀她來家裡吃飯。所以我等一下要先去市場買些東西，可能會晚點到家，你別著急啊。」

還沒下班，孫莉就急忙打電話回家向蓋圖交代一聲，怕他等太久，又要像個小大人一樣「教訓」她不守時了。

「我也想去，可以嗎？」電話那頭，蓋圖小心翼翼地問。

「當然可以，」孫莉一邊收拾辦公桌，一邊點頭對著話筒說，「那你把門鎖好，我大概一個小時後會到市場，我們在入口會合吧，你要注意安全喔。」

「嗯。好的，謝謝孫阿姨。」

蓋圖一聽到媽媽今晚就回來了，似乎很開心。孫莉不禁感嘆：原來再怎麼獨立的孩子，也是會想媽媽的啊！

賺錢是愉快的，和氣才能生財！

剛到超市門口，孫莉就接到了安妮的電話，說自己也在市場附近，乾脆大家一起逛。孫莉心想，一定是她知道蓋圖會來，迫不及待地想見到寶貝兒子吧。

不一會兒，蓋圖一路小跑著趕過來，一聽安妮馬上就會到了，高興地拍手跳了起來。等到安妮趕到時，三個人一起進了市場。

「小約瑟夫呢？」

「維茲帶著呢，小傢伙不想跟我一起回來，哈哈……」

兩個人一邊聊天，一邊買好晚餐的食材。正準備回去時，聽到旁邊有人吵了起來。

「我都裝好了，你才說不要，這怎麼行？」

「你態度不好，我不想買了，不行嗎？」

「我說不行就是不行，快給錢，要不然別想走。」

「我就是不買……」

聚集過來的人越來越多，孫莉不想湊熱鬧，拉著蓋圖和安妮離開。

「呼……真是的，怎麼吵起來了呢。」

剛才那兩個人的吵架聲還在耳邊迴盪，孫莉百思不得其解。

「是那個賣菜的阿姨不好，爸爸說做生意要和和氣氣，可是她脾氣太壞，一點都不和氣，才會讓人家不想買她的菜。」蓋圖很生氣地說。

「哦？小蓋圖懂得和氣生財啊？」

孫莉心想，原來維茲和安妮連這些常識都已經教給孩子了。

「當然，這是爸爸說的，對不對，媽媽？」

蓋圖抬頭看向安妮，安妮點點頭笑道：「對。賺錢就要開開心心地賺，如果總是為了賺錢而生氣，那還不如不賺錢，當一輩子窮人。」

聽了媽媽的話，蓋圖附和道：「對嘛，爸爸說，我們做生意賺錢，要當金錢的主人，不能做金錢的奴隸。以後我長大了做生意，才不會像那個賣菜的阿姨，最後沒賺到錢，還惹得一肚子氣呢！」

蓋圖儼然像個小大人，說得頭頭是道。

猶太智慧教養22

要當財富的主人，不做金錢的奴隸

「呵……蓋圖說話越來越有哲理了。安妮，妳和維茲還真會教孩子啊。」

孫莉越來越不敢小看蓋圖這個孩子了，看來他長大後絕對是前途無量。

當然，這一切應該都和父母的教育方式有關。追根究柢，是安妮和維茲的教育很成功，她真的越來越佩服他們了。

猶太人認為，賺錢應該是一件愉快的事情，要開開心心、快快樂樂地賺錢。所以，在教育孩子的時候，他們會灌輸「和氣生財」的觀念，告訴他們做生意時要心平氣和，與客戶發生糾紛時要控制自己的情緒，即使遇到難纏的客戶也不能輕易動怒，否則不僅生意難做成，還會使自己變成金錢的奴隸，讓賺錢失去了原本的意義。

猶太人很會做生意，但是不允許自己變成金錢的奴隸。所以，猶太父母總是教導孩子，要當個以「快樂」為賺錢之本的人，不能被錢牽著鼻子走。

為了賺錢而賺錢的人，永遠也不會開心，不明白自己活在這個世上的意義。開開心心、快快樂樂賺錢的人，才是最成功的商人，才能贏得他人的尊敬。

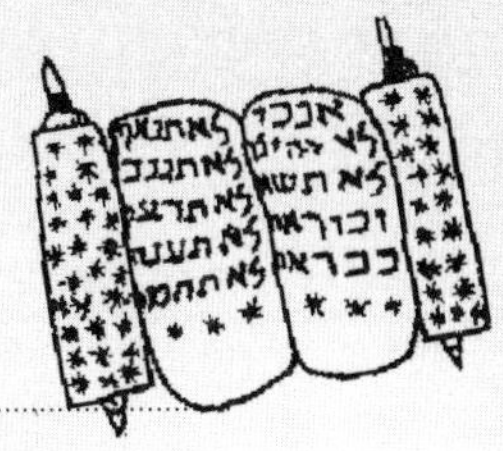

PART 3

品德vs.修養

── 有好品德的孩子，長大才有好修養

對於幼小的孩子，猶太人不僅注重其智商與財商的培養，更注重孩子品德的教育。他們認為，必須重視每個生活細節，及時糾正孩子的缺點，讓孩子擁有高尚的品德，孩子長大之後才能成為眾人尊敬的對象；唯有明白做人處事的真諦，孩子將來才能擁有非凡的成就。

教出品德與智慧兼具的孩子

——好品格才能為聰明的孩子加分

猶太人認為，如果一個人的品行不好，就不可能擁有多高的智慧，也無法獲得更大的成就。如果做人缺乏品德，就得不到他人的認可和信任，很可能一事無成。所以，他們很重視孩子的品格教育。

「小劉，我要暫時和妳分開一段時間了。」

這天，孫莉一上班就找小劉聊天。

「妳要升官了？」小劉問完，歪著腦袋想了又想，記不起來什麼時候看過這樣的通知。「我怎麼沒聽說公司有人事調動呢？難道是臨時決定的？」

「哈哈，我確實是要生了。只不過此『生』非彼『升』！」孫莉故弄玄虛，賣起了關子。

小劉果然一頭霧水，不解地問：「啊，什麼意思啊？我不明白，到底怎麼了？」

「嘿嘿……」孫莉掩嘴偷笑，小聲對她說：「我啊……快要當媽媽了！」

「……啊！」小劉先是驚訝，然後高興地衝過來拉她的手，「真的？沒想到妳竟然搶先一步了，恭喜啊！別忘了，我一定要當孩子的乾媽喔……」

兩個人又閒聊了一會兒，孫莉才回到自己的辦公桌。這是孫莉最後一天上班，她有些捨不得相處了這麼多年的同事們。

下班的時候，小劉說一定要去孫莉家吃晚餐，還說人多一點比較熱鬧，把維茲和安妮也叫了過去。就這樣，當晚孫莉家擠了一屋子的人，大家藉機為她懷孕一事慶賀了一番。

孩子做錯事還哭鬧？──不要立刻安撫孩子，應該讓孩子學習認錯！

大家有說有笑地圍坐桌前吃飯時，突然傳來東西碎落的響聲，大家一起看了過去。

「安妮，怎麼了？」孫莉擔心地走過去，看見安妮正要彎腰去撿地上摔碎的碗，趕緊阻止她，「妳別動，我來撿，妳手上還抱著小約瑟夫呢。」

安妮一臉歉意地說：「沒事，本來就是約瑟夫弄掉的，我來收拾就行了。」

「我來，我來。」孟磊趕緊彎下腰去撿碗的碎片。

維茲一聽安妮說碗是約瑟夫打破的，便把他拉過來問道：「約瑟夫，這是怎麼回事？」

「……我要吃蛋糕，不要吃菜。爸爸，快給我蛋糕！」

經過將近一年的時間，小約瑟夫的中文進步不少了。但是，他為什麼一臉生氣的樣子呢？

「約瑟夫，怎麼了？」孫莉問道。

「我要吃蛋糕！」約瑟夫氣呼呼地說道。

原來是約瑟夫看到桌上沒有愛吃的甜食，開始鬧脾氣，把安妮遞給他的碗推到地上。

「要吃蛋糕就跟阿姨講啊，阿姨……」

孫莉邊說邊轉身要去冰箱拿蛋糕，蓋圖伸手拉了拉她，搖搖頭說道：「孫阿姨，不能給他，他太沒有禮貌了。」

「哇……蛋糕，我要吃蛋糕，我就是要吃蛋糕！蓋圖是壞蛋，媽媽也是壞蛋，爸爸……我要吃蛋糕，蛋糕！哇……」

約瑟夫一聽蓋圖說不能給他蛋糕，還說他沒有禮貌，立刻大哭起來。

孫莉頓時慌了，不知道該怎麼辦才好，才剛想把約瑟夫抱過來哄，旁邊的維茲卻大吼：「約瑟夫！不准胡鬧！」

維茲這聲怒吼別說嚇到了約瑟夫，連其他人都嚇一大跳。

「約瑟夫！快向大家道歉！」維茲大聲命令道。

約瑟夫被他一嚇，哭得更大聲了，孫莉和小劉都靠過來想哄哄約瑟夫。沒想到安妮卻連連搖頭，意思是不要管他。

「約瑟夫只是個孩子嘛！」孫莉說道。

「不要理他，約瑟夫最近越來越不懂事，再這樣下去，他的人品就要毀了，該好好教育他一下了。」

大家聽了只能彼此互望，不知如何是好。此時，維茲把約瑟夫叫過去，蹲下來認真地對他說：「約瑟夫，你應該知道自己做錯了什麼吧，否則也不會哭成這樣，對不對？」

小約瑟夫的哭聲變小了，但是仍然低著頭，氣呼呼地不說話。

「告訴爸爸，你知道錯了嗎？」

維茲的口氣嚴厲了幾分，小約瑟夫怯怯地抬起頭，快速看了他一眼，然後輕輕地點頭。

「很好。」維茲的語氣緩和了些，拉著他的手說：「那麼，現在停止哭泣，向媽媽和叔叔、阿姨們道歉。」

「……」小約瑟夫看起來很猶豫，躊躇了好久沒有開口。

「難道你想變成一個不討人喜歡的孩子？」維茲生氣地訓斥他。

小約瑟夫不服氣地頂嘴：「可是我很聰明，媽媽經常誇獎我，她很喜歡我。」

「是嗎？」維茲皺起眉頭，對他說：「可是現在你讓媽媽傷心了，如果不道歉，媽媽就不喜歡你了。」

「真的嗎？」小約瑟夫抬頭看著安妮問道。

安妮認真地點點頭，說：「是的，約瑟夫，如果你不道歉，再這麼沒有禮貌的話，就算你再聰明，媽媽也不會喜歡你。」

「嗚……不要，媽媽不要討厭我，我錯了，媽媽我錯了……」

約瑟夫害怕安妮不再喜歡他，立刻衝過去緊緊抱著安妮，一邊哭一邊道歉。

猶太智慧教養23

擁有高尚的品德，智慧便隨之而來

「好，很好，寶貝，媽媽原諒你。孩子，你要記住，做人只有聰明是不行的，還要有好品德。同時擁有智慧與品德的孩子，長大之後才會受人尊敬，明白了嗎？」

小約瑟夫重重地點頭，讓安妮幫他擦乾眼淚。不管他現在明不明白這些話的道理，至少他知道，自己不能只會讀書，還要向哥哥蓋圖學習，當一個懂禮貌的好孩子。

「哥哥，我也要向你道歉。」

他認真地向蓋圖道歉，幫忙維茲一起打掃了地上的碎碗，然後回到飯桌前繼續吃飯。這件事，再次讓孫莉對於猶太家庭的教育方式大開眼界。

猶太人認為，如果一個人的品行不好，那麼他就不可能擁有多高的智慧，也無法獲得更大的成就。如果做人缺乏品德，就得不到他人的認可和信任，很可能一事無成。

所以，他們很重視孩子的品格教育，認為只有先讓孩子擁有高尚的品德，智慧才會隨之而來，孩子的人生才會有所成就。

那麼，如何對孩子進行品德教育呢？在日常生活中，猶太父母會利用各種機會，教導孩子品德高尚的重要性。當然，他們不會用說教的方式，而是經常告訴孩子一些成功人士的故事，這些人無一例外都擁有高尚的道德情操。他們以此來教育孩子：做人不僅要擁有智慧，好品德更是不可或缺。

從懷孕開始，為孩子的品德打好基礎！

猶太父母認為，胎兒的生長環境是影響孩子品德的重要因素。哪些事物應該讓胎兒多接觸、哪些東西必須特別注意，不要讓胎兒接觸……這些都是猶太人從懷孕起就經常考慮的事情，並且會清除對孩子可能產生不良影響的事物。

孫莉向公司請了長假後，買了一些書和光碟回家，用來打發漫長的時間。過了幾天，她突然想到，何不趁現在就對孩子進行胎教呢！可是具體該怎麼做，她卻毫無頭緒。

「對了，打個電話給安妮，向她請教一下！」

電話剛接通，孫莉還來不及開口，安妮就說道：「是孫莉啊，我正想打電話給妳呢。今天在家嗎？我待會兒送點東西過去給妳。」

半個小時後，安妮就帶著蓋圖和約瑟夫來了，笑咪咪地把一個袋子交給她。

「啊，這裡面裝的是什麼？好重。」

「裡面都是書，是妳這個時候需要注意的事，希望能對妳有幫助。」

「真是太感謝了！對了，我是不是現在就可以開始進行胎教了呢？」

孕婦的一言一行，都是無形的胎教

「妳懷孕才兩、三個月，現在進行胎教似乎太早了。」安妮想了想，對她說道。

「不過……」安妮的目光在客廳裡掃了一圈，若有所思地說：「比起胎教，我想妳有更重要的事情要做。」

「啊？什麼事情？」

看到安妮一臉嚴肅，孫莉緊張了起來，難道自己做了什麼對胎兒不利的事情嗎？

正疑惑間，電視裡突然傳出一聲淒厲的喊叫，蓋圖看了一眼畫面，嚇得立刻躲在安妮身後。「媽媽，這部電影好恐怖！」

原來孫莉平時最愛看恐怖片，她買了好幾部之前一直想看的電影，打算趁這段時間一口氣看完。

「妳以後絕對不能再看這類電影了！」安妮拿起遙控器把電視關掉，然後走向ＣＤ櫃，抽出十幾片光碟放在茶几上，「孫莉，妳最好找個箱子把這些光碟都收起來。」

「啊？為什麼？」

「沒想到孫阿姨喜歡看這麼恐怖的電影。」

蓋圖小聲地嘀咕了一句，一轉頭，發現客廳的牆上貼了幾張詭異的海報。

「這張海報，還有這些裝飾品，都會嚇到寶寶的。」蓋圖很認真地指著海報和一個櫃子裡擺放的東西對她說：「這些東西也應該收起來。」

「呃……這些東西對寶寶不好嗎？」她不解地問。

「很不好，」安妮嚴肅地回答，「妳現在的一言一行，都會影響寶寶的未來，難道妳想讓寶寶成長為一個血腥、暴力的人嗎？」

「可是他還在肚子裡，還沒出生啊。」

「妳剛才不是說要對孩子進行胎教嗎？懷孕後的言行舉止，其實都是一種無形的胎教，會影響孩子的性格和品行。道理很簡單，胎兒和母親生活在同一個環境，這種環境會對孩子的個性產生影響，所以妳必須注意。」

聽了安妮的話，孫莉嚇出一身冷汗。原來自己差點對孩子造成不良影響啊！是啊，既然稱為「胎教」，就表示是在懷孕期間進行，那麼她現在看到的、聽到的，以及一切生活習慣，也一定會傳遞給孩子。

「怎麼辦？我已經看了兩天，孩子會不會受到影響了？現在該怎麼辦？」

她突然驚慌地用手撫摸自己的腹部，擔心孩子出生後會是什麼模樣。

「妳先冷靜下來。」安妮怕她著急，連忙把她扶到沙發旁，讓她坐下。

孫莉深呼吸幾次，心情終於漸漸平靜了下來。

「我要告訴妳的是，把這些不利於胎兒成長的東西全部清掉，暫時裝箱收起來，送人賣掉也好，總之妳這段時間最好不要接觸這類東西，要為胎兒創造一個良好的成長環境。」

猶太智慧教養24

胎兒的生長環境，影響孩子的品格養成

孫莉笑道：「嘿嘿，那我就把這個重大的任務交給妳和蓋圖了。安妮，蓋圖，我能不能請你們……幫我挑出不應該接觸的東西，整理起來，把那些東西處理掉？好不好？」

因為她實在不知道到底哪些東西可以留下來，哪些東西不適合她現在看。

「可以！」安妮笑著點點頭。

「阿姨放心，我一定會把這間屋子裡所有不良物品全部清乾淨！」

蓋圖說完立刻跑去尋找這間屋子裡的「不良物品」了。

> 猶太父母認為，胎兒的生長環境是影響孩子品德的重要因素。哪些事物應該讓胎兒多接觸、哪些東西必須特別注意，不讓胎兒接觸……這些都是猶太人從懷孕起經常考慮的事，只要他們認為某些行為或事物會對孩子的未來產生不良影響，就會設法清理。

另外，猶太父母還認為，孩子出生後最先模仿的是父母的行為和語言，若是父母行為舉止粗俗不堪，孩子也會受到影響而變得庸俗。所以，他們從懷孕期開始，就會更加注重提升自身的品德修養，並且遠離環境中的不良資訊，給寶寶一個良好的成長環境。

愛不愛國很重要
——培養孩子的愛國情操

猶太父母認為，沒有愛國精神的孩子，就無法理解什麼是高尚的品德。孩子長大之後，不論在課業或事業上獲得多高的成就，若是不熱愛自己的國家，不為自己的國家做出貢獻，那麼他的成就也不會得到世人的認可，更無法贏得大家的愛戴。

在安妮和蓋圖的幫助下，孫莉把家裡的「不良物品」都收起來了，可是這樣一來，她的生活變得很枯燥，每天不是看書，就是只能聽聽舒緩的音樂，沒多久就膩了。這天早上，她悶得受不了，決定去安妮家坐坐。

「我在家裡好無聊啊，每天除了看書還是看書，都快悶死了。」孫莉一見到安妮就開始發牢騷，把這幾天憋在肚子裡的話一股腦兒全倒了出來。

安妮在一旁認真聆聽，等她說完後，非常理解地說：「那這樣吧，只要妳不嫌我和孩子們煩，有時間就去妳家做客，多陪陪妳，怎麼樣？」

「哇，真是太好了！」

安妮能經常到她家做客，這真是求之不得的好事。此時，她發現今天安妮家格外安靜，蓋圖和約瑟夫竟然沒有出來迎接她。

愛國就要像愛自己的母親一樣！

「蓋圖和約瑟夫呢？在房間裡看書嗎？還是不在家？」她問安妮。

「他們都在家，約瑟夫正在反省，蓋圖在監督他。」安妮搖搖頭回答。

孫莉一頭霧水，驚訝地問：「反省？發生什麼事了？」

「剛才約瑟夫說，他最喜歡的國家是中國，以後長大要當中國人，不當猶太人了。這怎麼行呢？我和他講道理，他竟然頂嘴，實在是太可惡了，所以我命令他回房間，認真反省自己的過錯，如果不道歉，就要接受更重的懲罰！」安妮解釋道。

「……」孫莉愣了片刻，不知道該說些什麼。

在她看來，這只是孩子不經思索的發言，說不定過幾天就忘了，安妮沒必要這麼當真。

「孩子只是隨口說說罷了，妳不用這麼在意啊。」她安慰道。

顯然，安妮不是這麼想。

她用很認真的語氣說道：「不管他是不是隨口說說，我都必須讓約瑟夫知道，一定要熱愛自己的國家。愛國是一件崇高的事情，只有愛國的孩子，才會擁有高尚的品德，受到他人的尊敬和愛戴；而拋棄自己國家的人，不管他在社會上有什麼樣的成就，都無法得到認可，受世人尊敬。再說，教孩子愛國，是培養孩子高尚品德很重要的一課，必須趁孩子還小的時候，就灌輸他們愛國的觀念，慢慢建立他們強烈的愛國心。」

孫莉深受震撼，原本想發表一些言論，卻不知道該說什麼才好，最後只能保持沉默。

此時，房門慢慢地打開，約瑟夫低著頭走出來。

「媽媽剛才說的我都聽到了，對不起，媽媽，我錯了。」他怯怯地向媽媽道歉。

安妮高興地抱住他，問道：「約瑟夫寶貝，你真的知道錯了嗎？」

「是的，我喜歡我的國家，因為它就像媽媽一樣，是我出生和長大的地方。放心吧，媽媽，我會做一個熱愛祖國的好孩子。」

約瑟夫說話的時候，蓋圖在一旁不停地點頭，似乎對他的回答十分滿意。

安妮見狀笑道：「蓋圖，看來你真是一個很棒的哥哥喔，這些話是你教約瑟夫說的吧。」

「嘿嘿……」蓋圖撓撓頭，咧嘴笑了起來，「我只是把爸爸媽媽曾經告訴我的，講給約瑟夫聽而已，要論功勞嘛，還是爸爸媽媽的啊。」

大家頓時笑成一團，小約瑟夫的「危機」暫時解除，跟著大家一起笑了起來。孫莉的心情卻慢慢沉重，因為她從沒想過，猶太人竟然如此熱愛自己的國家，甚至連孩子一時說笑的話，猶太父母也會這麼認真。

猶太智慧教養25

教育孩子：國家認同是一個民族前進的原動力

與安妮相比，她羞愧得無地自容，恨不能馬上挖個地洞鑽進去。因為她從來沒有思考過愛國的重要性，更沒有想過以後要向孩子灌輸愛國意識。看來，她距離成為一個合格的母親還差得很遠呢。

如果她在孩子出生之前，能擁有安妮教養孩子的一成「功力」就太好了，這樣她才不會在教育孩子的問題上屢屢犯錯，才能成為一個合格的母親。

猶太人是一個多災多難的民族，但是面對諸多的困境，他們並沒有低頭，而是不屈不撓地克服各種災難，成功地屹立於世界民族之林。

他們之所以能夠做到這一點，是因為每個猶太人都十分熱愛自己的國家，這種愛國主義成為現代猶太人不斷前進、開創新生活的原動力。

因此，猶太父母從小就教育孩子要熱愛祖國，他們認為這是培養孩子高尚品德的一條必經之路，沒有愛國精神的孩子，就無法理解什麼是高尚的品德。孩子長大之後，不論在課業或事業上獲得多高的成就，若是不熱愛自己的國家，不為自己的國家做出貢獻，那麼他的成就也不會得到世人的認可，更無法贏得大家的愛戴。

懂得謙讓的孩子，才能贏得愛與尊敬

人與人之間是平等的，沒有誰生來就比別人高貴，所以，想要與他人友好相處，就要學會謙讓。身為父母，必須在孩子還小的時候就開始灌輸這個觀念，幫助他養成謙讓的好習慣。特別是在玩遊戲、吃東西時，一定要讓孩子學會謙讓。

「今天中午我幫妳做些有營養的食物，趁現在孕吐還不嚴重的時候多補充一些營養，不然之後想吃都吃不進去了。妳幫我照顧一下蓋圖和約瑟夫，我馬上就回來。」

安妮說完，就背著購物袋出門了。孫莉將兩個孩子拉進房間，三個人玩起紙黏土，比賽看誰先捏完一套桌椅，不僅要像，還要漂亮。

「哇……還是哥哥捏得最好看。」不一會兒，約瑟夫拍手喊了起來，然後看著自己的作品說：「為什麼我的這麼醜呢？」

蓋圖不想讓他難過，連忙說道：「哪裡醜啊，你的小椅子做得比我好多了，我都沒辦法做成這個樣子呢，你教教我吧！」

「真的嗎？可是我覺得哥哥做得比較漂亮啊。」約瑟夫歪著頭左看右看。

「沒關係，不論如何都比阿姨的漂亮多了。」孫莉把自己的作品遞到他面前，問道：「你看，是不是很糟糕？」

「呃……」約瑟夫和蓋圖同時發出了驚訝的聲音。

「嘿嘿……」孫莉尷尬地笑起來。

蓋圖眨著眼睛，結結巴巴地對她說：「……沒、沒關係，阿姨下次努力！」

「嗯，我也要努力。」約瑟夫此刻再看自己的作品，覺得順眼多了，或許真的如蓋圖所說，他做得很棒呢！

人生來平等，沒有人應該事事禮讓你

「我回來了！蓋圖、約瑟夫，媽媽幫你們買了蛋糕還有兩個小玩具，快過來拿。」

安妮一邊整理從超市買回來的東西，一邊呼喚蓋圖和約瑟夫。最近他們兩個學習很認真，安妮很欣慰，想要獎勵一下孩子們，於是在超市買了他們愛吃的蛋糕和兩個小玩具。

「哇，真的嗎？在哪裡？」

一聽到有好吃、好玩的，蓋圖和約瑟夫立刻跑進廚房，高興地圍在安妮身旁。

安妮指著桌上的玩具和蛋糕說：「一台紅色汽車，一台藍色汽車，一人一塊蛋糕。」

孫莉看見兩個孩子興奮的模樣，以羨慕的語氣說道：「唉，蓋圖和約瑟夫真是好孩子，不知道我的孩子會不會也像他們這麼聽話。」

「一定會比他們聽話得多，這兩個孩子好皮，讓我很頭疼呢。」安妮搖頭苦笑。

「這是我最愛吃的！太好了，謝謝媽媽。」蓋圖一看見抹茶蛋糕，高興地伸手就要拿，約瑟夫卻在一旁說道：「那也是我愛吃的，我要吃。」

「呃……那就讓給你吃吧，我吃奶油的，這種我也愛吃。」

蓋圖很懂事地把抹茶蛋糕讓給弟弟，拿起另一塊奶油蛋糕。

選玩具的時候，兩個孩子都很傷腦筋，不論是紅色或藍色的玩具車都非常漂亮，他們都想要，這下該怎麼辦呢？

「約瑟夫，你想要哪個？」蓋圖問。

「呃……」約瑟夫歪著小腦袋認真考慮，可是想來想去仍然不知道要選哪個。

「那我拿紅色的吧。」蓋圖知道約瑟夫偏愛藍色的東西，所以伸手拿了紅色的玩具車。

此時，約瑟夫立刻揮舞小手嚷道：「不行，不行，我也想要紅色的。」

「那……」蓋圖想了想，自己是哥哥，應該要禮讓弟弟，於是放下了紅色玩具車。正要拿起藍色玩具車時，約瑟夫卻說：「我也想要藍色的！」

「約瑟夫，這樣不行，」這時，安妮板起臉對約瑟夫說，「約瑟夫，你應該向哥哥學習！你難道忘記媽媽教過你要謙讓嗎？剛才哥哥已經把蛋糕讓給你吃了，你說要紅色的汽車，哥哥也讓給你，你怎麼還說也想要藍色的，這不是讓哥哥為難嗎？哥哥讓了你一次，你是不是也該讓哥哥一次？」

「呃……好像應該是這樣。」約瑟夫小聲地回答。

「那你現在應該怎麼做？」安妮繼續引導他。

「哥哥……」約瑟夫想了想，咬著嘴脣像是下定了決心，對蓋圖說：「哥哥，你先挑吧，還有這塊蛋糕也讓給你吃，好不好？」

「約瑟夫，你做得很好。記住，以後不管在哪裡，都要懂得謙讓。謙讓是一種美德，是讓別人喜歡你的美德，明白了嗎？你不能因為自己年紀小，就覺得別人都應該讓你。大家都是平等的，沒有誰一生下來就比別人高貴，別人都應該讓他；也沒有誰天生低賤，應該事事讓別人。只有喜歡一個人時，才會凡事為那人著想，把好吃的、好玩的都給他。所以，哥哥是因為喜歡你才讓著你的，知道嗎？」

「嗯，我知道了。我也喜歡哥哥！所以，哥哥你先挑吧。」

約瑟夫伸出手，緊緊抓住蓋圖的衣角，看樣子是想表達自己有多喜歡他。

蓋圖有些不知所措，不好意思地說道：「嗯，讓我好好想想！」

想了半天，蓋圖兩手一攤，對約瑟夫說：「我真的不知道該怎麼挑，要不然這樣吧，我們一起玩，我先玩紅色的，你玩藍色的，再換過來，這樣我們都可以玩到兩種顏色的汽車。」

「哇，這個方法太好了！」孫莉忍不住插嘴提議道：「蛋糕也可以分成兩半，這樣兩個人都可以吃到兩種口味。」

「嗯，就這麼辦。約瑟夫，我們一起去玩吧，等會兒再吃蛋糕。」

蓋圖和小約瑟夫開心地跑出廚房，在外面玩了起來。

猶太智慧教養26

愛與尊重，建立在禮讓之上

孫莉看著他們，不由得感嘆：安妮真是無時無刻想著，如何因時因地教育孩子，遇到一件小事都會藉機導正孩子的觀念，真是有耐心的母親。換成她，或許只會不耐煩地訓斥孩子們。蓋圖今天的表現，也證明了安妮的教育成功。禮讓弟弟的蓋圖就像是個小大人，這樣的孩子真是人見人愛！如果自己的寶寶以後能像蓋圖一樣，小小年紀就懂得謙讓，那該多好！

謙讓是一種尊重他人並受他人尊敬的高尚品德。猶太人認為，一個人的品德是否高尚，只要看他懂不懂得謙讓就知道了。

因此，猶太父母從小就教育孩子，無論何時何地都要懂得謙讓，如此一來才會被他人喜歡並且受人尊敬。

猶太父母教育謙讓，是從日常生活做起。他們告訴孩子，只有你喜歡並尊重某個人時，才會想要禮讓他；同理，當某個人處處禮讓你，表示你是被這個人尊敬並且喜愛的。猶太父母充分利用這一點，讓孩子知道自己是被愛的，並教會他愛別人、尊敬他人，學會謙讓。

猶太父母教育謙讓，是從日常生活做起。他們告訴孩子，只有你喜歡並尊重某個人時，才會想要禮讓他；同理，當某個人處處禮讓你，表示你是被這個人尊敬並且喜愛。

孩子怎麼說不聽？

——說理與體罰，讓孩子記住犯錯的後果

猶太父母認為，在教育孩子的問題上，任何事情都不是小事。如果孩子犯了錯，父母只是口頭訓斥，孩子會難以記住教訓，而屢次犯同樣的錯誤。所以，猶太父母會結合說理與體罰，設法讓孩子永遠記住犯錯的後果，避免重蹈覆轍。

「唉，我覺得約瑟夫比蓋圖難教多了。蓋圖雖然也很調皮，但我和維茲說過的話，他都會認真地記在心裡，避免犯同樣的錯誤。約瑟夫卻……」

最近，安妮每隔幾天都會帶著兩個孩子來孫莉家做客，聊聊天。每當聊到約瑟夫時，安妮都很傷腦筋，這個小傢伙太調皮搗蛋了，安妮覺得自己快拿他沒辦法了。

「看來我應該把約瑟夫最近的表現告訴維茲，讓他這個做父親的好好地管教一下了。」安妮無奈地嘆了口氣。

「唉，幸好……」安妮正想說幸好今天約瑟夫沒有搗蛋，但話才說了一半，就聽見約瑟夫厲聲大喊：「啊……為什麼不幫我！」

安妮和孫莉嚇了一跳，不約而同將目光投向了蓋圖和約瑟夫。

記住今天說的話、做的事，不犯同樣的錯誤！

「約瑟夫，你為什麼叫得這麼大聲，難道你不知道這樣很沒禮貌嗎？」安妮喝斥。

「哥哥不幫我畫畫。」約瑟夫抬起頭，一副理直氣壯的樣子。

「明明說好自己畫自己的，為什麼要我幫你畫？」蓋圖不服氣地說。

「你畫得比較好看，所以要幫我啊！」

被弟弟誇獎，照理說應該要很高興才對，不過蓋圖臉上卻沒有一絲喜悅。

「所以你更應該多練習，才能畫得比我更漂亮啊。」蓋圖建議。

「我不要，哥哥幫我畫，快幫我畫嘛！」

「不幫！」蓋圖堅決地回絕了弟弟的無理要求。

「那，我也不讓哥哥畫了！」

約瑟夫突然迅速地伸出手，把桌子上的畫紙和畫筆全部揮到地上，還用力地在紙筆上踩了好幾腳。蓋圖看見自己的作品被約瑟夫踩得面目皆非，大驚失色，張著嘴卻說不出話來。

「約瑟夫！你太過分了！」安妮氣得臉色大變，過去拉住約瑟夫訓斥道，「哥哥不幫你畫是正確的，自己的事情自己做！快向哥哥道歉，把畫紙和畫筆撿起來，收拾乾淨，馬上！」

「不要，是哥哥先不幫我畫的。」

約瑟夫噘著嘴，轉過頭去，絲毫不認為自己的行為有什麼不對。

「媽媽剛才不是說了，你應該要自己畫，怎麼能要求哥哥幫忙呢？畫畫也是一種學習，不能偷懶，明白嗎？」

安妮似乎忍無可忍了，但是依然耐著性子跟他說道理。

「可是……」約瑟夫想要辯駁，這時門鈴響了，維茲的聲音從門外傳了進來：「安妮，我來接妳和孩子們了。」

「我去開門。」

「我去開。」孫莉剛說完，就被安妮攔了下來。她跑向大門，門一開就對維茲說：「你來得正好，約瑟夫越來越過分了，請你嚴厲地管教他。」

「怎麼回事？」維茲一邊跟在安妮身後走進屋內，一邊問道。

「是這樣的……」安妮將剛才發生的事情說給維茲聽。

「約瑟夫，告訴我，媽媽說的是真的嗎？」

聽完安妮的描述，維茲的眉頭皺了起來。雖然兩個孩子平時都是由安妮帶的，但是維茲在他們心中很有威嚴，因此安妮在教育孩子時遇到無法解決的問題，他就會成為安妮手中的最後一張王牌。

約瑟夫一聽到維茲的問話，心虛地低下頭，不敢接觸他的目光。

「約瑟夫……說話！告訴爸爸，到底是怎麼一回事？」維茲再次嚴厲地問道。

約瑟夫偷偷抬起頭，發現維茲嚴肅地看著他，立刻把頭低下去，嘴裡嘀咕了幾句話。

維茲皺眉問道：「你說什麼，約瑟夫？」

「……我錯了，爸爸。」約瑟夫一邊哭，一邊承認自己的錯誤，「我不該要求哥哥幫我畫畫，還踩壞了畫紙和畫筆，不該向媽媽發脾氣，不該任性不聽話……嗚……」

「很好，你願意認錯，爸爸很高興，但是……」維茲的語氣似乎又嚴厲了幾分，抬起約瑟夫的下巴，看著他的眼睛說道：「看著我，約瑟夫，沒有下一次了，爸爸不希望再發生同樣的事情，明白了嗎？」

「明，明白了……」

「孫莉，請問你們家有綠豆嗎？」維茲問道。

孫莉點點頭，雖然不知道維茲要做什麼，仍然去廚房拿了一些綠豆給他。

維茲抓了十幾粒綠豆，對約瑟夫說：「雖然浪費食物是不對的，但是我必須懲罰你，讓你記住今天做過的事和說過的話，下次才不會再犯同樣的錯誤。現在我要把這些綠豆放進你的鞋子裡，讓你穿著這樣的鞋子走路，記住疼痛的感覺。以後遇到同樣的情況，你就會回想起這種痛苦的感覺，從而控制自己的情緒，不再任性。」

猶太智慧教養27

教育孩子必須「小事化大」

「呃……這樣懲罰孩子，有點太過分了吧？」孫莉無法想像踩在綠豆上走路的感覺，好心地替約瑟夫求情：「約瑟夫還小，口頭上訓誡他就行了，不用懲罰了啦。約瑟夫，快告訴你爸爸，說你以後再也不會惹哥哥和媽媽生氣了，說你要做個好孩子，快啊！」

安妮攔住孫莉，笑道：「孫莉，妳就不要管了。當孩子怎樣都說不聽時，不如稍微懲罰一下，讓他留下深刻的印象。蓋圖小的時候，也是這樣被懲罰的，所以現在他很少犯錯，既聰明又懂事。」

孫莉看看蓋圖，他調皮地吐吐舌頭，可愛極了。此時，維茲將手裡的綠豆放進約瑟夫的鞋子裡，然後要他重新穿上，一家人就這樣告辭了。

看著約瑟夫每踏出一步都很難受的模樣，孫莉心底泛起一陣同情和憐愛。不過，安妮剛才那番話一直在她的腦海中迴響：這種懲罰是為了讓孩子留下深刻的印象，不再犯同樣的錯。雖然看起來有點不近人情，甚至有些殘酷，但是確實能產生良好的效果。她不由得佩服起維茲和安妮，竟然能狠下心來教育孩子。

猶太父母對於孩子的教育很嚴格，不僅要求孩子學習要用功，要求孩子有良好的品德與修養，一旦發現孩子開始任性胡鬧，不聽父母的教導時，就會及時制止糾正。

猶太父母認為，在教育孩子的問題上，任何事情都不是小事。如果孩子犯了錯，父母只是口頭訓斥，孩子會難以記住這次教訓，從而屢次犯同樣的錯誤。所以，猶太父母會結合說理與體罰，設法讓孩子永遠記住犯錯的後果，避免重蹈覆轍。

欺騙和見死不救也是偷竊？

──生命無價，損害他人的行為都是偷竊

猶太人認為，並非只有偷錢、偷東西的行為才是竊盜，欺騙他人、見死不救也屬於竊盜，而且比偷錢、偷東西更讓人憎惡。因為財物可以再賺回來，生命一旦逝去了就不再回來。欺騙、見死不救等行為，和小偷一樣可恥。

孫莉的肚子一天比一天大，孕吐的情況也越來越嚴重，經常吃了就吐。即使眼前擺著一大桌美食，她卻一點食欲也沒有。

「孫莉，快起來吃早餐了。」

週六早上，孟磊做好早餐後，催促孫莉起床吃飯。但是她一聽到「吃」這個字，馬上覺得胃在翻滾，痛苦地說：「再讓我多睡一會兒，我不想吃東西。」

「不吃東西怎麼可以，快點起來！剛才安妮打電話邀我們過去，她要做一些好吃的東西幫妳調養一下身體，快點起來吧！」

雖然孫莉很想請教安妮是如何度過這段時期的，卻完全提不起勁，只想繼續賴床。不過孟磊連哄帶勸地把她叫起來。兩人吃過早餐，收拾了一下就前往安妮家。

他偷走的，是寶貴的生命……

「維茲、安妮，我們來了。」孟磊笑著打招呼，扶著臉色蒼白的孫莉走進安妮家。

「孫莉，趕快坐著休息，我去倒杯水給妳。」

安妮很快地端來兩杯水，坐在孫莉旁邊，擔心地看著她。

「謝謝……喝了水，胃舒服多了，剛才坐車好難受。」孫莉說完四處張望了一下，問道：「咦？蓋圖和約瑟夫不在家嗎？」

「維茲帶他們出去買東西，應該馬上就回來了。」

此時，門口傳來開門聲及說話聲，維茲帶著兩個孩子回來了。

「爸爸，繼續講啊，後來那個老爺爺怎麼樣了？」小約瑟夫緊緊抓著維茲的衣角，著急地發問：「會不會有好心人來幫老爺爺呢？」

「很抱歉，約瑟夫，後來沒有人來幫老爺爺，因為那個離開的年輕人騙大家說屋子裡已經沒有人了。」維茲惋惜地回答，轉身看到孟磊和孫莉已經來了，連忙說道：「抱歉我們回來晚了。我買了很多東西，今天就好好品嘗安妮的手藝吧。」

約瑟夫跑向孫莉，高興地喊道：「孫阿姨，約瑟夫很想妳，最近為什麼不過來玩了？」

「因為阿姨的身體不舒服啊！」孫莉解釋，又問：「剛才約瑟夫在說什麼好心人啊？」

「剛才爸爸講了一個故事，」蓋圖在一旁說道，「有個村子裡，很多人都得了一種怪病，雖然大家知道治病方法，藥卻不多。一天，一個生病的年輕人在一間屋子裡發現一位老爺爺，病得很重，快要死了。但是為了得到救治的機會，年輕人竟然把老爺爺丟棄在屋子裡，沒有告訴別人。這種人真是太可惡了，對吧，爸爸？後來老爺爺真的死了嗎？」

看著蓋圖和約瑟夫一臉擔憂，維茲笑著說：「兩天後，另一個人也去了那間屋子，發現奄奄一息的老爺爺，得知事情的真相，於是他生氣地去找年輕人理論，問他為什麼見死不救？沒想到，年輕人冷漠地說：『他那麼老了，我還很年輕，當然先救自己啊。』年輕人的話激怒了村裡的人，大家憤怒地說：『你這個小偷，看看你做了什麼，一條生命就這樣被你害了，你這個可惡的小偷、騙子！』他們將年輕人趕出村子，一輩子都不能回到故鄉。」

「咦？」小約瑟夫歪著腦袋問道：「爸爸，好像不太對勁耶，那個年輕人什麼時候變成了騙子？他沒有偷東西啊。」

「他確實是個可惡的小偷。」這時，安妮端著茶點從廚房裡走出來，很嚴肅地對約瑟夫說：「他這樣的行為，和小偷沒兩樣。」

「為什麼？這要從何說起？」孫莉也十分好奇，忍不住發問。

安妮說：「因為那個年輕人說謊騙了大家，導致老爺爺無法及時救治，失去生命，他偷的是一條生命！所以，他比小偷更可惡！」

猶太智慧教養 28

失去的財物可以再賺，逝去的生命無法回來

「是的，」維茲點頭附和，「蓋圖、約瑟夫，你們要記住，並不是只有偷錢、偷東西的行

為才是竊盜，欺騙他人、見死不救也屬於竊盜，而且比偷錢、偷東西更讓人憎惡。因為財物可以再賺回來，生命一旦逝去了就不能再回來，明白了嗎？生命是無價的，竊取生命是不可饒恕的罪過。欺騙、見死不救等行為，和偷盜一樣可恥。」

兩個孩子聽了父親的話，若有所思地點點頭。

原本是在講故事，不知何時卻變成了沉重的話題。孫莉和孟磊彼此互望，都從對方的眼裡讀到了驚訝——原來竊盜不只是偷東西啊！

偷竊是什麼？相信大家會直覺想到偷錢、偷東西。但是在猶太人的觀念裡，「偷竊」包括了一切損害他人的行為。換言之，在猶太人的心目中，除了錢財之外，時間和生命也有可能被他人盜取。

只要有人延誤了另一個人的時間，猶太人就會說這個人偷了另一個人的時間；如果有人見死不救，就等於偷了他人的生命。

因此，猶太父母從小就會教育孩子，不只是偷東西才會被叫做「小偷」，讓孩子深刻明白什麼是竊盜，以及它所帶來的嚴重後果。

孩子愛吹噓，不說實話
——告訴孩子，說話之前，先想清楚！

很多人喜歡自我吹噓，不僅大人如此，孩子們也常這麼做。猶太父母認為這是一種不誠實的表現，發現孩子有這個缺點時，都會立刻提醒，讓孩子意識到這是錯誤的行為，也讓孩子意識到這樣做的嚴重後果。同時，會設法幫助孩子及時糾正。

這天，安妮帶著孩子們在街上閒逛，到了孫莉家附近，就順便來看看她的情況。

「最近感覺怎麼樣？」安妮一進門就急著問她。

「還不錯，最近特別能吃。唉，前段時間真是太痛苦了。」

孫莉懷孕四個多月，終於度過了孕吐期，胃口越來越好，孟磊常常提醒她克制食欲。

「呵呵，能吃東西是好事！」

「唉……希望以後寶寶不要太折磨我就好了……」

孫莉輕撫著自己的肚子，語氣溫和地笑道。

「嗯，這樣我就不用擔心妳了！」

兩個人開心地談論關於小寶寶的話題，結果聊著聊著，聊到了寵物。

吹牛的孩子，沒有人會相信你喔！

「那天我在社區裡看見一隻小型貴賓犬，真想衝過去抱抱牠。」

安妮喜歡可愛的動物，一聊起來就興高采烈。孫莉卻不太喜歡動物，而且有點怕狗，每次在路上一遇到狗就會繞得遠遠的，還因此被孟磊調侃了很多次呢。

「我才不覺得狗可愛！那次遇到一條大狗，站起來都快到我下巴了，好可怕。」

孫莉露出害怕的表情，安妮被逗得哈哈大笑。

約瑟夫聽到她們的對話，以不屑的語氣說：「孫阿姨真膽小！我看過更大的狗，站起來比房子還高，嘴巴可以裝進四、五個人呢。」

「約瑟夫真厲害，竟然看過那麼大的狗。」

聽了他誇張的描述，安妮和孫莉並沒有在意，只當他是在講笑話，一笑置之。

後來，約瑟夫發現了幾顆彈珠，央求蓋圖和他一起玩。一開始他不知道打彈珠的遊戲規則，經過蓋圖詳細講解，他終於把彈珠打進一個「陷阱」，立刻得意忘形地說：「其實我早就會玩了，而且我百發百中，從來沒有輸過！」

一旁的安妮聽了，不高興地問：「那你剛才為什麼叫哥哥教你怎麼玩？」

約瑟夫的臉微紅，支吾了半天才說：「我是怕哥哥不知道，所以問問他，如果他不會的話，我就講給他聽。」

安妮不悅地看著約瑟夫，鄭重地警告他：「約瑟夫，你再吹牛，小心鼻子會變長哦！」

約瑟夫嚇得趕緊伸手去摸自己的鼻子，安妮則一臉嚴肅地盯著他。孫莉看情況不妙，趕緊打圓場說道：「好了，好了，蓋圖快帶約瑟夫去玩。安妮，妳再告訴我一些懷孕期間要注意的事吧，快坐下來。」

「唉……是不是我和維茲最近有點疏忽了呢？」安妮坐了下來，可是仍然掛心約瑟夫的事情，「他以前雖然也愛說大話，至少不像現在這麼誇張。他是想引起我們的注意，還是想要我們誇獎他呢？」

「安妮，小孩子都喜歡吹牛，不用太在意，等他再長大一點就不會了。」孫莉安慰道。

聊了一會兒之後，安妮起身去上廁所。

約瑟夫跑了過來，用手指輕輕戳著孫莉的肚子，好奇地問：「孫阿姨，媽媽說小寶寶會在阿姨的肚子裡越長越大，是真的嗎？」

孫莉點點頭回答：「對啊，再過幾個月，阿姨的肚子裝不下小寶寶的時候，小寶寶就會出生了。」

「那阿姨的肚子會長得多大呢？比現在還大嗎？」約瑟夫歪著頭問道。

「嗯，會越來越大哦！」

「哦？會長到像我這麼大嗎？」

孫莉搖頭，笑著說：「那可不行，要是像約瑟夫這麼大，阿姨的肚子會被撐破的。」

「啊？會撐破啊？」約瑟夫嚇了一跳，然後歪著腦袋想了想，突然不屑地說：「孫阿姨妳太遜了，我認識一個阿姨，她生寶寶之前，整個肚子比我還大，而且……聽說我一出生就長得像現在一樣高，所以媽媽的肚子一定比我還大，才裝得下我。」

「啊？你剛出生就這麼高了？」孫莉佯裝吃驚地睜大了眼睛，「小孩子不能吹牛哦。」

「我才沒有吹牛呢！」約瑟夫不服氣地說，「所以我比哥哥聰明，長大後，也一定比你們聰明。」

「約瑟夫，看來我們真的要好好談談了，」約瑟夫的話音剛落，安妮就走進客廳，嚴肅地看著他說，「你最近的表現真的很不好，你是什麼時候學會吹牛的？」

「……我……」小約瑟夫低下頭，支吾著說不出話來。

「前兩天你跟樓下的小朋友說你有隱形翅膀，他們笑你吹牛，結果你為了證明自己會飛，差點摔傷了，難道你忘了嗎？當時你答應媽媽以後不再吹牛了，怎麼今天還一直在說大話呢？」

「因、因為我的鼻子沒變長啊……」小約瑟夫怯怯地說，「媽媽一定是在騙我。」

安妮想起那次確實只告訴約瑟夫，吹牛的孩子鼻子會變長、會被大家討厭，卻沒有詳細說明吹牛可能導致其他更嚴重的後果，現在正是個好機會，於是她看著約瑟夫，露出一抹微笑，溫柔地說道：「約瑟夫，媽媽今天要告訴你，吹牛不只是鼻子會變長哦。」

「那還會發生什麼事情？」他小聲地問。

「很多啊，例如上次你吹牛說自己會飛，如果當時媽媽沒有發現你們要爬上樓『試飛』，你覺得會發生什麼事情呢？」

「呃……」

「你真的會飛嗎？如果你跳下去，真的會飛起來嗎？」安妮把他抱起來坐在沙發上，繼續說道：「你會受傷，爸爸媽媽會很傷心，也會嚇到大家，對嗎？」

「嗯。」約瑟夫輕輕點了頭。

「而且，如果一直吹牛，最後你說的話聽起來都像是在撒謊一樣，沒有人會再相信你，也不會理你了！」

「不……不好，我不要變成愛說謊的孩子。」約瑟夫著急地回答。

安妮滿意地點點頭，摟著他說道：「所以，你要改掉說大話的毛病，做一個誠實的好孩子，以後要說話之前，先想清楚哪些話是事實，應該說出來，哪些話是你誇大的，盡量不要說，怎麼樣？」

「我知道了，媽媽，我不會再吹牛了，妳不要不相信我。」約瑟夫緊緊抓著她的衣角。

安妮笑著拍拍他的頭說：「嗯，媽媽一直都相信你啊。」

猶太智慧教養29

教育孩子：只說實話，不說大話

看到安妮順利解決了這個問題，孫莉佩服地對她豎起大拇指。

「唉！」安妮鬆了一口氣，抹去額頭滲出的細汗。看來，教育孩子雖然是勞心，卻比勞力讓人更累啊。

每個父母幾乎都會遇到孩子喜歡說大話、愛吹牛的問題，面對這種情況，千萬不能反應過度，因為三、四歲的孩子還不懂事，很多時候只是為了得到別人的肯定和關注才吹牛。

另一方面，如果過於讚美他們，容易讓他們變得盲目自大，覺得自己是最好的，甚至產生驕傲心理。因此，如果發現孩子愛說大話、愛吹牛，父母不能粗暴地禁止，要理性地分析，根據實際情況耐心地加以引導。

在這方面，猶太父母的做法值得我們借鏡。當他們發現孩子有吹牛、說大話的傾向時，除了立刻制止之外，還會利用童話故事告訴孩子，為什麼說大話是不好的行為。猶太父母也會把握日常生活中的各種機會，讓孩子瞭解說大話會產生什麼更嚴重的後果，例如會帶給他人及自己多大的傷害，是一種損人不利己的愚蠢行為等，慢慢糾正孩子這種行為。

教導孩子「施與受」的藝術

——要考慮對方的尊嚴，給予真正協助

助人為樂是中國人的傳統美德，也是猶太人很重視的品德。但是在幫助他人時，猶太人非常講究技巧與方式，會考慮到對方的自尊心，既維持他人的尊嚴，又能給予真正的協助。

酷暑來臨，天氣一天比一天熱，孫莉的情緒也變得反覆無常，經常無緣無故亂發脾氣。為了幫她排解心中的煩躁，小劉和安妮每隔幾天就會輪流來她家做客，陪她說說話。

這個週末，小劉和安妮彷彿提前約好似的，同時來探望孫莉，讓她高興得笑個不停。大家坐著聊了一會兒，小劉提議出去走一走，讓孫莉藉此散散心，對胎兒的健康也有利。於是，孟磊留在家裡做飯，其他人都下了樓。在社區裡走了一陣子，大家坐在涼亭裡休息，偶爾一陣輕風吹過，舒爽極了。

「咦？那邊好像坐著一個人。」大家聊得正高興，蓋圖發現不遠處坐著一個人，問道：「媽媽，妳看，那個老奶奶好像身體不舒服耶！」

大家順著他指的方向看過去，果然看到一個頭髮花白的老婆婆。安妮想要起身過去看看，卻被孫莉攔住：「不用過去了。」

妳看不到我，就不知道是誰幫妳了……

「妳認識她？」小劉問。

「那個老婆婆是前段時間剛搬來的，我也不知道她姓什麼，聽說子女都不在身邊，也沒有經濟來源，只靠著撿回收度日，挺可憐的。」

「這樣的話，就更應該過去看看，或許可以幫助她啊！」安妮說。

孫莉急忙解釋：「其實我之前就接觸過老婆婆，也說過想幫她，可是她一口回絕了。後來我跟幾個鄰居聊天，才知道社區裡有不少人都想幫助老婆婆，還發起了募捐活動，但是老婆婆說什麼都不肯接受，最後大家只能把家裡的回收物交給老婆婆，用這個方法幫她。」

「可是老婆婆看起來好像生病了，她在那裡蹲了很久，會不會有什麼事呢？」蓋圖很擔心地看著老婆婆。

「我們過去看一看吧，只是看看她的身體情況，不提其他的事情，她應該不會拒絕吧？」小劉提議道。

一行人向老婆婆走過去，她果然身體不舒服，正蹲在那裡大口地喘著氣。

「老婆婆，妳沒事吧。」他們慢慢把老婆婆扶了起來，把她帶到涼亭裡，讓她坐下來。

「老婆婆，感覺怎麼樣？要不要陪妳去醫院看一看？」小劉熱心地問，老婆婆卻連連擺手，一副拒人於千里之外的樣子。

「不用，不用，謝謝你們啊，我這是老毛病，休息一會兒就行了，你們不用管我。」

之後，不管他們再說什麼，老婆婆都顯得有些不耐煩，愛理不理的，大家只好回去了。

回到家後，大家若有所思，沒了聊天的興致，應該都在想著老婆婆的事情。

「媽媽，我有辦法了。」蓋圖突然興匆匆地跑到安妮身邊，對她耳語一番，然後眨著眼睛問：「媽媽，妳覺得這個方法怎麼樣？」

「嗯……我想想！」安妮想了一會兒，點點頭說：「或許可以試試看，不過，你真的要這麼做嗎？」

「嗯，我想幫助老婆婆。」蓋圖用力地點頭。

「好，那你去吧。」

「嗯，我一定會說服老婆婆的。」

蓋圖向孫莉要了一個紙袋，打聽了老婆婆家的住址，接過安妮遞來的錢後就跑了出去。

孫莉和小劉一臉好奇，妳看看我，我看看妳，不知道這對母子在做些什麼。等了半天，終於聽到門鈴聲，小劉一打開門，就看見蓋圖氣喘吁吁的。

「到底是怎麼回事？現在可以告訴我們了吧。」小劉迫不及待地問。

蓋圖沒回答，而是跑到安妮身邊，高興地說：「媽媽，老婆婆收下錢了喔，真是太好了。」

「到底是怎麼回事啊，你們快說啊！」孫莉一臉焦急地問。

「嘿嘿……」蓋圖喘了口氣，緩緩說道：「我和媽媽猜想，老婆婆可能自尊心很強，所以寧願自己撿垃圾賺錢，也不願意平白無故接受別人的施捨。於是我就想，要用什麼方法讓老婆婆接受幫助，又不覺得沒有自尊心……」

「是什麼樣的方法？」

「孫阿姨，這是我向妳要的紙袋。找到老婆婆後，我把紙袋子套在自己頭上，然後對她說：

『妳現在看不到我的樣子，我也看不到妳的樣子，這樣一來，妳就不知道是誰幫助妳了。妳現在接受我的幫助，以後如果遇到了更需要幫助的人，妳就把那個人當成是我，去幫助那個人。』

反正大概是這個意思。老婆婆明白了之後，我又勸了好久，她才終於同意了。」

猶太智慧教養 30

善待他人，就是善待自己

「原來是這樣啊，蓋圖，虧你小小年紀，可以說出這麼一番大道理！」小劉誇獎蓋圖。

「我們猶太人在施捨財物給窮人時，一定會考慮到他們的自尊心。為了維持他們的尊嚴，所以經常暗地給予幫助，這樣雙方都不知道對方是誰，在心理上更容易接受施捨。」

安妮笑著解釋。

孫莉等人聽完之後連連點頭，原來連一個簡單的捐助行為，猶太人也會考慮得面面俱到。儘管看起來很麻煩，但實在是為了保護別人的自尊，真的很貼心。

助人為樂是一種優秀的品德，所以猶太父母十分重視這方面的教育，並且以身作則。他們願意真誠地幫助他人，不僅是同胞，只要是需要幫助的人，他們都會盡力提供協助。最可貴的是，猶太人在幫助別人的同時，也考慮到對方的自尊心，經常悄悄給予對方幫助，不會讓對方知道自己是誰。

為了培養孩子這種優秀的品德，猶太父母會從小教育孩子要「樂善好施」，學會與人為善，因為善待他人就是善待自己，幫助別人是一件很愉快的事情。同時，猶太父母也會教導孩子，如何在給予幫助的同時，不讓對方因為自己的善意感到不適、增加心理壓力。

善待他人就是善待自己，猶太父母會教導孩子，如何在給予幫助的同時，不讓對方因為自己的善意感到不適、增加心理壓力。

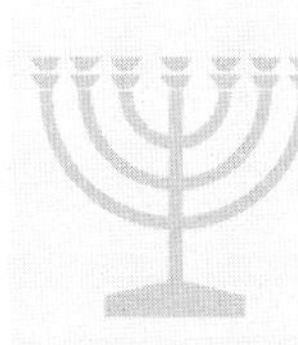

寬容，才能擁有真正的快樂
——讓孩子學會原諒、理解和體諒

儘管猶太民族和阿拉伯民族勢如水火，衝突不斷，但是許多猶太父母非常鼓勵孩子學習阿拉伯語，藉此教育孩子學會忘記並化解仇恨。這種寬容的精神與教育方法，非常值得華人父母學習與參考。

「妳也該考慮一下讓蓋圖上學了吧，都快八歲了，再不上學，就跟不上別人了。」

孫莉有些擔心蓋圖的情況，勸安妮要趕快想一想蓋圖上學的事情了。

安妮卻只是笑笑，很有把握地說：「放心，他現在的狀態不錯，每天都學到很多東西，比在學校裡學得多，所以我和維茲暫時還沒有打算讓他上學。」

「就算狀況不錯，可是一直讓他待在家裡，沒辦法認識更多人，萬一交不到新朋友，性格變得孤僻，怎麼辦？」

「這個更不用擔心了，現在蓋圖和約瑟夫有很多朋友，我都不知道他們用了什麼方法，竟然能交到那麼多好朋友，每天聽到他們在聊與朋友們相處時發生的趣事，真是太好玩了。」

「看來我白擔心了，呵呵……」

為什麼猶太孩子要學習阿拉伯語？

「那他最近在學什麼？約瑟夫還是每天背東西嗎？」過了一會兒，她又問道。

「現在維茲正在書房裡教蓋圖和約瑟夫呢，妳要不要進去聽聽看？順便幫我把茶點送進去，如何？」

安妮沒有直接回答她的問題，而是賣起了關子，把一個托盤交到她手裡。

「維茲，我幫你們送吃的來了。」孫莉敲敲房門說。

「太好了，我好渴！」

蓋圖興匆匆地奔過來，一口氣把水喝光。約瑟夫也一樣，一眨眼就喝完一杯水。

孫莉驚訝地問：「天哪，維茲，你們剛才在做什麼？這兩個孩子怎麼渴成這樣。」

「在學阿拉伯語啊！」

維茲把一本書遞給她，她接來一看，只見密密麻麻像蝌蚪般的文字，看得她眼睛都花了。

她搖頭苦笑道：「完全看不懂……你怎麼想到要讓孩子們學阿拉伯語呢？」

猶太人和阿拉伯人向來水火不容，維茲卻讓孩子們學習阿拉伯語，到底有什麼用意呢？

維茲輕嘆一口氣，緩緩說道：「因為猶太人和阿拉伯人彼此仇恨，所以我才想讓孩子們學習阿拉伯語。不僅是我，在以色列，很多猶太家庭也鼓勵孩子學習阿拉伯語，想藉由這種方式逐漸化解彼此的仇恨，從對方的語言和文化開始，慢慢地互相理解，讓仇恨遠離。」

「化解民族間的仇恨？你們的胸襟這麼開闊啊，太偉大了。」

孫莉被維茲的話感動了，眼神裡充滿著景仰之情。

維茲卻不好意思地笑了笑，揮揮手說：「其實沒有那麼偉大啦，我只是想用這種方式教育孩子，一定要學會寬容地對待別人，即使是對那些傷害過自己的人，也不能抱持著仇恨的心態。讓孩子們學習阿拉伯語正好有這種意義，不僅能讓孩子們多掌握一門語言，還能讓他們在其中瞭解很多課本之外的東西。如果能讓孩子們學會原諒，學會理解，學會體諒別人，那就太好了。」

「你真是一個好爸爸！為孩子的成長考慮得這麼仔細，這麼用心地教育孩子！」

猶太智慧教養 31

用理解化解仇恨，以寬容面對傷害

「讓孩子學會寬容地對待別人，即使是那些傷害過自己的人。」對於維茲的教育理念，孫莉非常感動。她已經完全被這種教育理論折服，下定決心，將來一定要以猶太父母的教養方法來教育孩子，讓他成長為品行端正的人！

製造仇恨非常容易，一句話、一個動作、一件事，都有可能引起別人的仇恨，但是想要化解仇恨，卻不是那麼容易的事情。

猶太父母認為，這是孩子必須掌握的能力，他們希望孩子學會化解仇恨，以快樂、愉悅的心情度過人生的每一天。

因此，許多猶太父母非常鼓勵孩子學習阿拉伯語，藉此教育孩子學會忘記並化解仇恨。儘管猶太民族和阿拉伯民族勢如水火，衝突不斷，但是猶太人透過學習阿拉伯語的行為，一點點地改善彼此水火不容的情況。這種寬容的精神與教育方法，非常值得華人父母學習與參考。

「讓孩子學會寬容地對待別人，即使是那些傷害過自己的人。」猶太父母認為，這是孩子必須掌握的能力，他們希望孩子學會化解仇恨，以快樂、愉悅的心情度過人生的每一天。

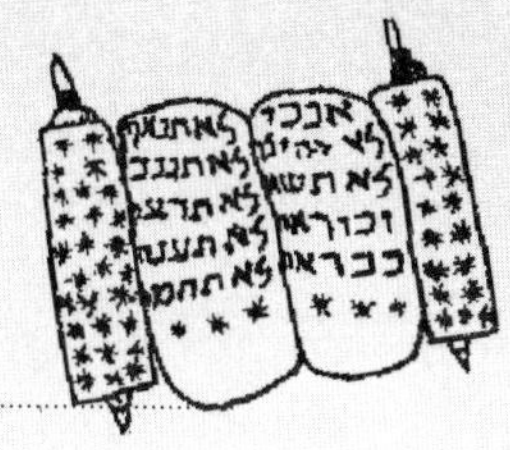

PART 4

生活vs.生命

── 樂觀生活的孩子，就能熱愛生命、勇敢面對困境

人生是一場短暫的旅途，在這段旅途上，每個人都會經歷風雨與困境。聰明的猶太父母非常明白這一點，所以從孩子小時候開始，就會教育孩子要敬畏生命，坦然面對困境，盡快適應各種艱難的環境。同時，他們很注重鍛鍊孩子的吃苦能力，並且培養孩子的責任心。

猶太媽媽給孩子的生命教育
——不論生活多麼困苦，也不能失去希望

猶太人十分敬畏生命，他們認為人生道路上的各種挫折，都是上帝給予的磨練，不論生活多麼艱難困苦，也不能對人生失去希望。在熱愛自己生命的同時，他們也會尊重他人和動物的生命，不做出傷害生命的事情。

十一月，距離孫莉的預產期只剩下幾天了。為了迎接寶寶出生，孫莉和孟磊的爸媽都過來了。安妮只要有空，也會過來陪孫莉聊天，幫她做些家事。

這天，安妮又帶著兩個孩子過來。坐了一會兒，安妮問道：「孫莉，妳的預產期是什麼時候？」

「就這兩、三天了。」

孫莉將手放在高高隆起的腹部，一臉幸福。

「那妳還不住院，萬一……」安妮有些擔心。

「沒事，反正我們家離醫院很近，有什麼情況一下就到了。就算有事……嗯……」

就在這個時候，她突然臉色一變，眉頭越皺越緊，額頭慢慢滲出細汗。安妮一看情況不對，趕緊撥了孟磊和醫院的電話，陪著她去醫院。

蓋圖和約瑟夫從來沒有見過這種情形，一路上嚇得不敢說話，安靜地跟在安妮身後，臉上露出十分擔憂的表情。

寶寶害妳那麼痛，我不喜歡他

一進了醫院，就看見孟磊已經等在門邊。醫生為她做了一些檢查，就讓孫莉住院了。當天晚上，一個健康的小寶寶在親朋好友的期盼下順利出生，響亮的哭聲讓人感受到生命的力量。

「寶寶哭聲真大！」

「是男孩喲！」

大家開心地笑著，小約瑟夫看起來卻有些不開心，嘟著嘴小聲嘀咕了一句。

「約瑟夫，你在說什麼？是不是也在恭喜孫阿姨？」安妮問他，他卻搖搖頭默不作聲。

第二天一早，維茲帶著蓋圖和約瑟夫來看孫莉。看到大家在逗小寶寶，蓋圖好奇地湊過去，興奮地說：「寶寶好小啊，他什麼時候才會長大呢？」

「慢慢就長大了啊。」孫莉笑著說，轉頭看見約瑟夫一臉不悅地望著小寶寶，她馬上問道：「約瑟夫，是不是想抱抱小弟弟？」

然而，約瑟夫一臉嫌棄地說：「我才不要抱他呢。哼，我不喜歡他！」

「為什麼？害怕阿姨有了寶寶，不再像以前那麼疼你了嗎？放心，就算有了小寶寶，阿姨也一樣愛你啊！」孫莉開心地說。

「才不是呢！」約瑟夫嘟著嘴回答。

「怎麼？不相信阿姨嗎？」

「我……」約瑟夫支吾半天，賭氣似地說：「我討厭他，他昨天害阿姨那麼痛，我聽到阿姨痛得一直哭喊，都是他害的，要是沒有他，阿姨就不用受這種苦，所以我不喜歡他。」

「約瑟夫，不准亂說話，沒禮貌。」聽到他的話，安妮很不高興地訓斥了他一句。

「我沒有亂說話，不喜歡就是不喜歡，誰叫他害阿姨那麼痛，如果沒有他的話……」

「約瑟夫！」見他越說越過分，安妮趕緊厲聲喝止，並且抱歉地對孫莉說：「孫莉，妳別在意，我會再好好說他。」

「沒關係……」孫莉想笑，可是不知道為什麼，眼角卻濕了。

安妮見狀，趕緊拉過約瑟夫說：「約瑟夫，快向阿姨道歉，你不能這樣說小寶寶。當初你也是這樣狠狠地折磨了媽媽一番才呱呱落地的。」

「安妮，妳不要罵他，我……」孫莉擦了擦眼角的淚水，哽咽地說：「我太感動了，約瑟夫這個孩子好懂事，竟然知道心疼我，他是因為心疼我才不喜歡小寶寶，看來我沒有白疼他。」

「這……」安妮想了一下，好像真的是這樣。她看向約瑟夫，正要說話時，約瑟夫開口了：「媽媽，妳剛才說我也像小寶寶一樣，讓妳這麼痛苦才出生的嗎？」

「對啊。」安妮知道教育的機會來了，連連點頭說道：「媽媽當時痛得真想狠狠揍你一頓，不過，聽到你出生後第一道響亮的哭聲後，卻捨不得下手了。」

「……我……媽媽，辛苦妳了。」小約瑟夫低下頭，怯怯地說。

「所以你應該向阿姨道歉，阿姨經歷那麼大的痛苦，才讓小寶寶平安降臨到這個世界，你怎麼能說如果沒有小寶寶比較好呢？這不是把阿姨和媽媽的辛苦都抹煞了嗎？如果按照你的說法，首先不會待在這裡的，不就是你嗎？你願意離開媽媽，不陪在媽媽和阿姨身邊嗎？」

約瑟夫被這些問題弄得有點暈頭轉向，不過他還是鄭重地向孫莉道歉：「孫阿姨……剛才我說錯話了，沒想到當媽媽是這麼辛苦的一件事，我以後會更孝順媽媽、對阿姨更好！」

猶太智慧教養32

敬畏生命、尊重生命、熱愛生命

「哈哈……小約瑟夫真是我的好寶貝！」

孫莉邊笑邊誇獎著約瑟夫，他卻撲進安妮的懷裡，有些不好意思地撒嬌道：「不對，我是媽媽的好寶貝，阿姨現在有小弟弟這個寶貝，以後我一定要告訴他，阿姨為了他遭受多大的痛苦，一定要教他好好孝順阿姨。」

安妮趁此機會繼續引導，對他說：「約瑟夫，不僅是小寶寶，其他生物也是媽媽們千辛萬苦養育長大的，所以，你要當一個熱愛生命的好孩子，以後千萬不能再說如果沒有誰就好了，明白嗎？就算是一隻貓、一條狗的生命，你也應該尊重，不能傷害牠們，要愛護牠們，做個有愛心的好孩子，明白了嗎？」

「我明白了，媽媽！」約瑟夫趕緊點頭，然後轉身說道：「我要抱寶寶，快讓我抱抱他、親親他。」

猶太人十分敬畏生命，他們認為人生道路上的各種挫折，都是上帝給予的磨練，不論生活多麼艱難困苦，也不能對人生失去希望。

在熱愛自己生命的同時，他們也會尊重他人和動物的生命，不做出傷害生命的事情。

猶太父母在孩子很小的時候，就開始教育他們要尊重生命，即使是一隻螞蟻、一隻流浪貓，也不能蓄意傷害，必須愛護、關心牠們。

做個有愛心的人，首先要從尊重生命開始。

沒跌倒過的孩子，怎麼自己站起來？

——鍛鍊孩子獨立與適應環境

現在很多父母都有「自己辛苦了一輩子，以後再苦也不能苦孩子」的想法，但是猶太父母認為，如果不想讓孩子日後生活在困境中，就應該讓他們從小體會什麼是艱難困苦，這樣才能鍛鍊孩子獨立與適應環境的能力。

「孫莉，妳下個星期日有空嗎？我們過去找妳！蓋圖和約瑟夫都很想妳呢！」

「你們回來了？有空，當然有空！」孫莉欣喜若狂，在電話這端不斷點頭。

自從一年多前維茲調回總公司，他們一家人搬走之後，孫莉就經常感嘆不知道什麼時候能再見到他們，沒想到維茲這麼快又調回來了，她真是開心極了！

「天天，我的寶貝兒子，安妮阿姨和哥哥們要回來了，你是不是也很高興啊？」天天開始學說話了，小嘴一張一合發出「叭……叭……」的聲音。孫莉抱著他親了幾下，小心地將他放到床上，寸步不離地守候，生怕他受傷。

星期日終於到了，維茲和安妮帶著兩個孩子準時來到孫莉家。

「安妮，我還以為再也見不到你們了。」孫莉說。

「怎麼會呢，當初我們離開時，不是說過很快就回來嗎？」安妮拍拍她的肩，笑著說。

孩子跌倒，摔得越多，學的速度也越快

孟磊端著茶點從廚房走出來，熱情地招呼：「快過來吃點東西吧，坐著慢慢聊。」大家坐在沙發上，一邊吃吃喝喝，一邊愉快地聊著孩子的話題。一年前維茲被調離公司的時候，孫莉已經重回工作崗位上，小天天暫時由孩子的奶奶照顧，雖然是幫了孫莉大忙，但是老人家的精力有限，也不太重視教育問題，孫莉總覺得兒子不像蓋圖和約瑟夫那麼聰明。

正想著這些事，蓋圖和約瑟夫猛然撲了過來，各拉住她的一隻手，大聲喊道：「孫阿姨，我們好想妳喔。」

孫莉激動地抱抱這個、摟摟那個，然後請孟磊把小天天抱到他們面前說道：「來，快看看小弟弟，你們還認得他嗎？」

「哇，小寶寶長得好漂亮，小臉蛋白白嫩嫩的，真好玩。」

蓋圖輕輕戳了戳小天天的臉，開心地嚷著。

「哥哥，也讓我摸一下，哇，真的好軟啊。」約瑟夫也高興地說道，並把小天天抱起來，放在地上，「哥哥，我們教小寶寶走路好不好？」

蓋圖正想點頭，卻聽到孫莉大喊：「不行，寶寶太小了，還不會走路。」孫莉緊張地抱過天天，對安妮說：「對不起，安妮，我可能嚇到蓋圖和約瑟夫了，不過天天還小，現在讓他走路應該還太早了，摔傷就不好了。」

「天天已經快一歲半了吧？」安妮問道，見她點頭，皺起眉頭說：「一歲半的孩子，學走

路不會太早啊，蓋圖和約瑟夫都是一歲就開始學走路了。」

「這麼小就讓他吃苦，我不忍心啊。」

孫莉疼愛地摸著兒子的頭，一想到他會不停地摔倒跌傷，就一百個不放心。

「只是學走路不算吃苦。如果這也算吃苦，蓋圖豈不是更痛苦？」安妮不解地說道。

「啊？蓋圖怎麼了？」

安妮把蓋圖拉到身邊，自豪地說：「蓋圖從半年前開始就包辦了全部的家事，還學會了做飯，現在我們家的每頓飯，基本上都是由他來負責呢。」

「啊？他今年不是才八、九歲嗎？」孫莉非常驚訝，繼續問道：「難道你們家發生什麼事情了嗎？維茲，你的工作不順利嗎？我們做父母的，再怎麼苦也不能讓孩子受罪啊，有什麼困難可以找我幫忙啊。」

她猜想可能是維茲和安妮的生活遇到了困境，所以必須讓孩子們提早學會照顧自己和家庭，替他們分擔壓力。

「孫莉，」維茲笑道，「我們沒有遇到任何困難，工作也很順利，但是……」他停頓了一下，把蓋圖叫到身邊。

「妳說不能讓孩子吃苦，我並不認同。雖然現在的生活條件不錯，但是我們仍然希望孩子學會吃苦耐勞。因為經歷過苦難的孩子，才能成長茁壯，才能承受日後的生存壓力，妳不這麼認為嗎？」

「那我……應該放手，讓天天學走路？」

其實身邊的同事和孟磊一直建議她應該教天天學走路了，她都認為還太早，可是聽了維茲這番話，她開始動搖了，認為自己或許真的錯了。

「妳早就該這麼做了！」這時，孟磊激動地嚷了起來，「我不是一直跟妳說，不要擔心孩子跌倒，摔得越多，學的速度也會越快。可是妳和媽總是太溺愛天天，害我必須偷偷教他走路，現在聽了維茲和安妮的話，妳是不是該好好反省一下？」

「我……會反省，一定會反省！安妮，妳回來真好，以後在教育孩子方面，我有哪裡做得不對，請妳一定要提醒我啊！」

「哈哈……沒問題！」

猶太智慧教養33

學會「吃苦」，也是一種能力

現在很多父母都有「自己辛苦了一輩子，以後再苦也不能苦孩子」這種想法，於是，經濟條件好一點的家庭，父母總是太寵孩子，孩子要什麼給什麼；經濟條件一般的家庭，父母寧願自己省吃儉用、粗茶淡飯，也要讓孩子吃好的、喝好的，希望孩子在最好的環境中成長，認為這才是真正疼愛孩子。事實真的如此嗎？答案當然是否定的。讓孩子多吃苦，才能更好地鍛鍊孩子。

猶太父母認為，「再苦也不能苦孩子」是非常錯誤的觀念，因為天底下沒有免費的午餐，如果不想讓孩子日後生活在困境中，就應該讓他們從小體會什麼是艱難困苦，這樣才能鍛鍊孩子獨立與適應環境的能力。

由於猶太父母十分注重培養孩子的吃苦能力，因此，會讓孩子從小幫忙做家事，等到他們十三、四歲，就會要求他們利用課餘時間打工，自己賺取零用錢或貼補家用，這些經歷非常有利於他們日後獨立生活。

從小就學會吃苦的猶太孩子，往後在人生道路上無論遇到什麼樣的困境，都能盡力克服，繼續邁開大步前進。

猶太父母認為，「再苦也不能苦孩子」是非常錯誤的觀念，如果不想讓孩子日後生活在困境中，就應該讓他們從小體會什麼是艱難困苦，這樣才能鍛鍊孩子獨立與適應環境的能力。

說故事的教養力

——故事勝過說理，啟發孩子瞭解生命的意義

猶太父母經常會講故事給孩子聽，因為只用大道理或枯燥的語言討論人生和生命的意義等問題，孩子通常不感興趣，也無助於孩子領略它們真正的內涵。藉由故事來引導，既能讓孩子很容易聽懂故事中的道理，也能讓他們將這些道理銘記在心。

孟磊的媽媽因為老家有事，需要離開幾個月，於是孫莉拜託安妮白天幫忙照顧天天，順便進行啟蒙教育，這樣應該比上幼稚園來得好，也讓人更放心。

安妮一聽，立刻就答應了。蓋圖和約瑟夫也很高興，尤其是約瑟夫，終於有了個小弟弟，每天早上都焦急地在社區門口等待。

「孫莉，等一下！」下班時間剛到，小劉就跑了過來，把一套識字圖卡交到她手上，「這是前兩天一個朋友給我的，小天天應該用得到，就送給他吧。」

「真是太謝謝妳了，小劉！」孫莉高興地捧在手裡說，「天天最喜歡這些卡片了，他一定會很高興的。」

「我就知道我的乾兒子會喜歡，哈哈……那我先走了，明天見。」

擁有一顆勇敢的心，就能面對挫折

安妮家的門一開，孫莉就張開雙臂朝兒子跑過去，高興地問：「天天，今天乖不乖？有沒有惹安妮阿姨生氣？」

「沒有……」天天在她臉上親了一下，然後揮舞著雙手，用稚嫩的嗓音喊道：「媽，媽媽……哥，哥哥講故事……故事……」

「咦？蓋圖在講故事嗎？阿姨也可以聽嗎？」

蓋圖大方地點頭說：「沒問題，那我要開始講囉……」

「故事的主角是一位猶太商人，他很有經商的頭腦，因此獲得了巨大的財富。」蓋圖看著故事書，緩緩地講了起來，「但是，他有了錢之後，就像變了一個人似的，不僅花錢毫無節制，還變得疑神疑鬼，不相信身邊的人，認為大家都在圖謀他的財產。於是，他每天都很心煩。怎麼辦呢？想來想去，他決定用金錢去買『幸福快樂』的生活。從此，他經常出入聲色場所，卻覺得自己的生活越來越不幸……」

蓋圖咳了一聲，繼續講故事：「他激怒了身邊的人，這些人當初都幫助過他，但他不但沒有心存感謝，反而處處為難他們。於是他們聯合起來，抵制這個商人，使他賠光全部的財產，最後只好流浪街頭。這個商人過慣了舒服的日子，現在卻要跟一群乞丐為伍，覺得喪失了自尊，一心想要自殺。某個黃昏，他帶著身邊唯一的財物——一本書——來到了懸崖邊，想從懸崖上跳下去。」

「啊？他不會真的這麼做吧？」約瑟夫睜大了眼睛，打斷蓋圖。蓋圖不高興地看了他一眼，然後說道：「聽我繼續講嘛。」

約瑟夫趕緊閉嘴，安靜地聽哥哥繼續往下講。孫莉也被故事吸引，期待後續的發展。她的目光不經意飄到兒子身上，看到他似乎也很專心地聽故事，心裡更加佩服安妮，不知道她到底用了什麼方法，竟然能把天天教得這麼好學。

「這個商人走到懸崖邊的時候，正值夕陽西下。看著落日，他心裡不禁感嘆：『唉……這是我最後一次看夕陽，明天就看不到太陽升起了。既然如此，趁著太陽還沒完全下山，好好地讀一下這本書吧。』或許是上帝的指引，他一翻開書，就被裡面的故事吸引了。

「這個故事的主角，經歷和他十分相似，原本也是個有錢人，有一天突然破產了。當然了，這個人也很沮喪，感覺生活毫無希望。有一天太陽快要下山的時候，發生了大地震，破舊的小屋一下子就倒了，他被埋在廢墟裡，害怕極了，認為自己再也看不到明天的太陽。在黑暗之中，他體力不支，最終昏了過去。

當他終於醒過來的時候，看見廢墟的縫隙傳來點點光亮，他費力地推開那些壓在身上的重物，花了好長一段時間，終於從廢墟中鑽出來。此時，太陽正緩緩升起。他是這場地震中為數不多的生還者，看著周圍的斷垣殘壁，他豁然開朗，心想雖然自己失去了很多，但是生命還在，有什麼財富比一個人的生命更重要呢？在那一刻，他擁有了無窮的力量，決定迎向朝陽，重新奮鬥，讓自己的生命也閃耀奪目的光芒。

讀完這個故事，破產的商人望著夕陽陷入沉思，他自問：『難道我要這樣結束自己的人生嗎？這個主角的遭遇和我這麼像，他都沒有放棄自己的生命，難道我該放棄嗎？』於是，他決定在懸崖邊坐一夜，如果隔天太陽升起時還想尋死的話，再跳下去也不晚。」

蓋圖講到這裡，稍微停了一下，然後接著講下去。

「他捧著那本書坐在懸崖邊，可是隨著夜晚到來，風越來越涼、越來越大，好幾次都差點把他吹向萬丈深淵，讓他害怕極了。此時他才明白，原來面對死亡，竟然如此恐懼。接著他回想起過往的生活，終於明白自己會破產的原因，覺得後悔不已，對自己發誓如果能活著迎接朝陽，他一定要去向那些夥伴道歉，展開新生活，靠自己的雙手創造輝煌的未來。」

「隔天，當第一道陽光照射到他臉上時，他激動地一躍而起，一路跑下山。他彷彿獲得了新的生命，渾身充滿了力量，對未來充滿了希望……」

蓋圖講完故事之後，把故事書闔上，抬起頭卻看見大家的表情都呆呆的，沒有人開口說話，終於忍不住打破沉默，「阿姨？約瑟夫？你們怎麼都不說話？故事講完了！」

「呵……這個故事……真是太令人震撼了啊！」孫莉笑著回應。

這個時候，安妮走了過來，「我講這個故事給蓋圖聽的時候，他的反應也和你們一樣，哈哈……蓋圖，你還記得我當時說了什麼嗎？」

「媽媽，我當然記得！」蓋圖聽到她這樣問，馬上回答，「這個故事告訴我們，要學會瞭解人生的真諦。黑暗其實是一個全新人生的開始，必須先忍受黑暗中的種種壓力和挫折，才能迎向光明的未來！要做到這一點，我們必須有一顆勇敢的心，不被挫折打敗，更不能輸給自己、輸給黑暗。當光明來臨時，也不能像故事裡那個商人之前一樣，親手斷送美好的生活。人生如同日落日升，日落時，我們要反省自己一天的過錯，當太陽升起時就要拋棄昨天，忘掉所有的煩惱和不愉快，展開全新的人生！」

猶太智慧教養34

日落時反省一天的過錯，日出時忘掉所有的煩惱

「看來你記得很清楚，那麼……約瑟夫，你明白哥哥剛才在說什麼嗎？」安妮歪頭詢問約瑟夫。

約瑟夫愣了一會兒，突然大聲喊道：「媽媽，我們去看夕陽吧！我想親自去感受一下。」

「嗯，這個主意不錯……」

孫莉目光一閃，興奮地猛拍大腿嚷道：「對！安妮，這個週末，我們就帶著孩子們去看夕陽吧，順便露營，好好感受太陽落下到升起時的不同景色！」

聽說要去露營，兩個孩子立刻發出歡呼聲。其實安妮早就想帶孩子們去感受一下自然與生命的神奇，比起單純用語言向孩子們講故事，這樣更有趣、更生動。

猶太父母認為，關於生命的意義、人生的真諦，讓孩子越早瞭解越好。唯有讓孩子明白這些道理，他們將來遇到挫折和失敗，才能理性分析、正確地面對，不輕言放棄。

但是只用大道理或枯燥的語言討論人生和生命的意義等問題，孩子通常不會感興趣，也無

助於孩子領略它們真正的內涵。因此，猶太父母經常會講故事給孩子聽，透過這些生動有趣、發人深省的故事，向孩子傳達重要的觀念。本文中的故事，就是以日落日升、黑暗及光明等隱喻，形容生命中會遇到的各種磨難。藉由故事來引導，既能讓孩子很容易聽懂故事中的道理，也能讓他們將這些道理銘記在心。

黑暗其實是一個全新人生的開始，必須先忍受黑暗中的種種壓力和挫折，要做到這一點，我們必須有一顆勇敢的心，不被挫折打敗，更不能輸給自己、輸給黑暗。

讓孩子多一點煩惱

——學習用樂觀的態度面對生活

猶太人認為，在遇到煩惱和危難時，積極樂觀地去面對才是真正的解決之道。他們從小就教育孩子，要以樂觀的態度對待身邊的人事物，因為越是悲觀，事情就會變得越糟。這種積極樂觀的精神會帶給孩子無窮的勇氣，度過各種難關。

「啊……真是麻煩死了，怎麼會有這麼多資料要計算！」「唉……真的好麻煩啊，又算錯了。」「天哪，這麼多資料，到底什麼時候才能算完啊！」「麻煩……簡直麻煩死了……」

這天，孫莉工作時一直抱怨，小劉在一旁看著她抓狂的樣子，只能無奈地搖頭。

「唉……孫莉，妳能安靜一點嗎？我聽妳一直喊麻煩，頭都要炸了。」

「妳怎麼也這麼麻煩！唉！」

晚上下班接兒子回到家後，孟磊已經在廚房裡做飯了，她趕緊過去幫忙，可是才聊了兩句話，她又開始抱怨了。

「老公，你說上班怎麼會這麼麻煩呢？每天那麼多麻煩事要處理，我都快煩死了！」

「妳的態度也太消極了吧，小心傳染給兒子。」孟磊輕輕在她頭上敲了一下，指著她手裡的菜苦笑，「快去洗菜吧。」

「唉……洗菜也麻煩，每天吃飯更麻煩！」

這幾天孫莉的工作不太順利，每天回到家總是會對孟磊抱怨一番，說得最多的就是「真麻煩、太麻煩了」。

「老婆，妳這樣下去不行，乾脆去問一下安妮的意見，看看應該怎麼改變現在的心理狀態！」

世界上，有什麼事情不麻煩呢？

隔天下班，她懷著無比煩躁的心情去接兒子。小天天似乎玩得正高興，一點想要離開的意思也沒有。她心想，不妨趁機和安妮多聊一會兒，緩解一下壓力與心情。

「約瑟夫，把這些書整理一下。」

她們聊沒兩句，安妮看見茶几上堆了很多書，都是約瑟夫今天放的，於是把約瑟夫叫過來，他卻不耐煩地說：「好麻煩！」

「有什麼事情不麻煩呢？」安妮聽了這話，不但沒有生氣，反而笑了出來。

約瑟夫想了想，搖頭回答道：「都很麻煩，最近每件事都那麼麻煩，我的心情糟透了。」

孫莉不停地點頭，對她來說，每天確實都有好多的麻煩事需要面對或處理。

安妮卻高興地說：「太好了，麻煩事越多越好呢！」

「啊？為什麼？」孫莉百思不得其解，「麻煩事應該是越少越好吧，否則生活也太痛苦了吧，我可沒辦法活在充滿麻煩的世界裡。」

安妮把約瑟夫叫到身邊，抱著他親切地說：「麻煩事縱然不好，但是我們猶太人流傳著一句話：『有十個煩惱比只有一個煩惱好得多。』約瑟夫，你知道這是什麼意思嗎？」

約瑟夫搖搖頭，安妮拉著他的手繼續說：

「因為煩惱越多，人越不會感到痛苦啊。當人們只有一個煩惱的時候，痛苦感會很深刻，很容易對生活感到失望。當人們遇到很多麻煩的時候，痛苦感反而會被稀釋，此時就不會有絕望感，反而能樂觀地面對生活。」

約瑟夫一臉迷惑，孫莉也不太明白安妮的意思。

安妮看出了他們的疑惑，笑著解釋：「打個比方，如果媽媽狠狠地打了你一拳，你是不是會覺得挨打的地方很痛？」

「嗯，當然會很痛。」約瑟夫痛苦地皺起眉頭，就像是真的挨了一拳一樣。

「那麼，如果媽媽把這一拳分成十等份，力量也分成十等份，你還會感覺很痛嗎？」

「呃……應該……不會那麼痛吧。」

「每個挨打的地方都不會很痛，但是如果集中在一個地方打很多拳，那個地方肯定會很痛，這就是『挨十拳比只挨一拳好得多』啊。」

「啊，我好像懂了。」約瑟夫高興地拍手，激動地說：「所以，我只要想像每天遇到的煩惱都不一樣，就等於分散了生活中的煩惱。而這些被分散的煩惱其實都是微不足道的，對不對？」

「聰明！如果你能這樣想，是不是就會開心很多？」

「嗯，很開心。」約瑟夫點點頭，十分高興地說。

「這也是媽媽要告訴你的另一個道理：遇到麻煩事的時候，不要光想著哭訴和煩惱，要用積極、樂觀的態度去面對。不管遇到什麼困難，只要能保持樂觀的精神，這些煩惱就會成為過眼雲煙。當你回首時就會發現，原來苦惱的問題根本沒什麼大不了，都是可以輕易解決的。」

猶太智慧教養35

有十個煩惱比只有一個煩惱好

「原來是這樣啊！安妮，謝謝妳，我今天又上了很重要的一課！」

孫莉從沙發上一躍而起，握住安妮的手。她心想，今天能留下來真是太好了，連日來的陰鬱終於一掃而光。自己最近真是太消極了，其實遇到的都只是一些雞毛蒜皮的小事情，只要樂觀地去解決它們就行了，自己卻一味地覺得麻煩，真是太可笑了……

「有十個煩惱比只有一個煩惱好得多。」這是猶太家庭教育第一本書，猶太人的家教聖經《諾未門》裡記載的教育經驗。

猶太人認為，在遇到煩惱和危難時，積極樂觀地面對才是真正的解決之道。他們從小就教育孩子，要以樂觀的態度對待身邊的人事物，因為越是悲觀，事情就會變得越糟。

這種積極樂觀的精神會帶給孩子無窮的勇氣，無論未來出現什麼樣的困難，只要樂觀精神不變，就一定能夠度過難關，迎接更美好的生活。

在他們看來，樂觀的態度在孩子的成長過程中發揮了重要的作用。

樂觀可以讓孩子學會苦中作樂，當孩子遇到危難的時候，樂觀的態度有助於發現危難中蘊藏的機會，從而解除危機，讓事情朝好的方向發展。

捨得對孩子說「不」——學會延後享受，訓練孩子的忍耐力

猶太父母認為，即使孩子提出的要求很合理，也不能馬上滿足他們，要讓孩子學會等待，並在等待中克制自己的欲望。讓孩子明白，世界上的一切事物，並不是想要就能馬上得到；擁有足夠的耐心，最終才能獲得自己想要的一切。

在安妮的細心教導下，小天天不僅學會了走路，也越來越會說話，說出的話、做出的事經常讓孟磊和孫莉大為驚訝。

「媽媽，餅乾，吃餅乾。」

這天，孫莉帶他去逛超市，走到零食區時，小天天用力拉著她的衣角，指著餅乾說。

她眉頭一皺，搖搖頭說：「天天，你最近吃太多零食了，不能再買了哦。」

小天天一聽到不能買餅乾，小臉立刻垮了下來，似乎快要哭出來了。

一見他這個模樣，孫莉心軟了，趕緊從貨架上拿了一包他平時最愛吃的餅乾，蹲下身抱起他，「乖，不哭，你看，媽媽拿了你最愛吃的小熊餅乾哦！乖，不哭。」

「餅乾……」

小天天終於破涕為笑，把餅乾抱在懷裡。孫莉無奈地嘆了口氣，她還真是捨不得拒絕孩子

的要求啊！

拒絕孩子的合理要求

回家之後，小天天很快就把餅乾吃得一乾二淨，結果不管孫莉和孟磊怎麼勸，他也堅決不吃晚餐。

孟磊臉色一沉，說道：「孫莉，兒子老是吃零食不吃飯，營養怎麼夠啊。我們應該和兒子約法三章！」

「該怎麼做呢？」

「我來和他說。」孟磊把天天叫到身邊，說道：「兒子，你如果不吃飯的話會生病哦，生病了就要去醫院打針、吃藥。」

「我不要打針……」小天天緊緊抱住孟磊的手乞求，「爸爸……不打針……」

「不打針也行啊，那就吃藥吧。」孟磊故意冷漠地說道。

「也不吃藥，爸爸，不吃……」

眼見「恐嚇」有效，孟磊緊接著說：「那你該吃飯時就要吃飯，而且以後不能吃零食，這樣就不會生病了。」

「可以吃餅乾嗎？」

「餅乾就是零食，不准吃。」孟磊嚴厲地拒絕後，看見兒子一臉委屈，於是說道：「當然，如果你表現好的話，爸爸媽媽會獎勵你，每隔幾天就讓你吃一次餅乾，怎麼樣？」

「好。我要吃飯，不要生病！」

小天天知道不是完全不能吃餅乾後，高興地答應了，接下來幾天都很聽話，沒有向孫莉要零食吃。

一個星期後，孟磊和孫莉帶著他去逛超市，他站在零食區久久不動，指著餅乾說想吃。孟磊心想，兒子最近的表現還不錯，而且他也答應過要給予獎勵，便買了一大包餅乾給他。但是回家後，孟磊和孫莉發現，連著兩天兒子的食欲明顯下降了，肯定是又吃了太多餅乾。

「怎麼辦？難道真的一點零食也不能買給他？」

第二天下班後，孫莉去接小天天時，向安妮尋求建議。

安妮笑著回答：「妳只要記住一點就行了。」

「哪一點？」她迫不及待地問。

「要狠得下心對孩子說『不』。」

孫莉聽了，苦笑著說：「我們也有狠下心啊，只是答應過他如果表現好就有獎勵，如果沒做到的話，不是太沒有誠信了嗎！」

安妮邊嘆氣邊說道：「這就是你們不夠狠心。捨得對孩子說『不』，不光是針對孩子的不合理要求，當孩子提出合理要求時，父母也要狠下心拒絕。」

「為什麼合理的要求也要拒絕？」

這個說法讓孫莉有些吃驚。孩子的合理要求如果也拒絕的話，父母不就變成無理取鬧、不講理的人了嗎？

「當然！這就是我們猶太人教育孩子的觀念：讓孩子學會延後享受。」

「延後享受？享受也能延後嗎？這到底是怎麼一回事？」

安妮笑著對她說：「就算孩子提出合理的要求，但是如果會對成長造成不良的影響，父母最好不要馬上答應。這樣做有兩個目的，第一是讓孩子知道，父母不可能永遠滿足他們的需求，如果真的想要得到某樣東西，就要靠自己的努力，父母沒有義務幫助他們實現願望。要讓孩子明白，並不是他想要什麼父母就能給他什麼，他的要求並沒有那麼容易實現，想要的東西並不是無條件就能得到的。」

猶太智慧教養36

學會等待，學習忍耐

「聽起來挺有道理的。那第二個目的呢？」

「第二點就是，讓孩子學會延後享受，可以鍛鍊孩子的忍耐力。有耐心的孩子才能靜下心來好好學習，發現別人看不到的美好前景。遇到困難時，性子急的孩子無法理性思考，有耐心的孩子才能理性地分析，找到解決困難的關鍵，從而脫離困境，走向成功。」

孫莉原本只是想解決孩子愛吃零食的問題，卻聽到了這麼令人震撼的一番道理，猶太父母的家庭教育方法真是深不可測啊！

猶太人認為，做任何事都不能衝動，要有忍耐力，這樣才能獲得成功的機會。擁有忍耐力是很重要的事情，即使再怎麼飢餓，面對美食時也要表現得從容不迫，對猶太人來說這是一種高尚的品格。

猶太父母在鍛鍊孩子的忍耐力時，常用的方法是讓孩子學會延後享受。猶太父母認為，即使孩子提出的要求很合理，也不能馬上滿足他們，要讓孩子學會等待，並在等待中克制自己的欲望。

讓孩子明白，世界上的一切事物，並不是想要就能馬上得到；擁有足夠的耐心，最終才能獲得自己想要的一切。

對於孩子的學習問題，猶太父母更教育孩子要有耐心。因為學習是一件需要長期努力且看起來枯燥乏味的事情，若是沒有足夠的耐心，很有可能半途放棄，荒廢了學業。

讓孩子學會延後享受，可以鍛鍊孩子的忍耐力。性子急的孩子無法理性思考，有耐心的孩子才能理性地分析，找到解決困難的關鍵。

自己的事情自己做
——訓練孩子獨立自主

猶太父母經常鼓勵孩子「自己的事情一定要親自動手去做」，他們認為，想要培養孩子的獨立性，就要讓孩子做沸水中的一顆咖啡豆，唯有經過沸水的煎煮，咖啡才能散發出更加香醇的味道，獲得更多人的喜愛與讚賞。

孫莉突然病了一場，在醫院住了幾天，出院前醫生交代她務必好好休息一段時間，孟磊建議她乾脆辭去工作，專心在家養病，並照顧天天。孫莉覺得他說得有道理，向公司遞了辭呈，從此展開全職家庭主婦的生活。

休養一陣子之後，孫莉覺得身體好了很多，正值楓葉轉紅的季節，決定帶兒子去爬爬山，賞賞楓葉，呼吸一下新鮮空氣。安妮聽說之後也很感興趣，於是兩家人約好週末一起去爬山。

轉眼週末就到了，兩家人剛來到山腳下時，孫莉把天天抱起來，擔心地說：「小心，別摔倒了。」

小天天卻一直扭動，不想讓她抱，嘴裡念著：「哥哥跑……天天也跑……」

孫莉抬頭看，蓋圖和約瑟夫已經跑得遠遠的，還在階梯上打鬧，看得她心驚肉跳。

「安妮，快阻止他們，這些階梯很滑，不小心就會摔倒的。」

「沒關係。」安妮不在意地搖頭說：

「孩子們的成長過程中免不了要摔跤，這一次摔痛了，下次就會記住要小心一些，摔得越痛，記得越清楚。」

既然安妮這麼說，孫莉也不好意思再說什麼。幸好她的擔心是多餘的，兩個孩子跑了一路，都沒出現任何問題。

孩子會怕生是因為父母過於溺愛

接近中午的時候，小天天嚷著肚子餓，孫莉趕緊建議道：「安妮，我們在這裡休息一下，吃點東西、喝點水吧。」

他們找了一塊較平坦的空地，將野餐布鋪在地上，擺好食物，孩子們高興地邊吃邊玩。

「啊……天天，把嘴巴張開。」

孫莉掰下一小塊麵包，遞到小天天的嘴邊，他很自然地張嘴吃下，慢慢地咀嚼。

「孫莉，妳怎麼不讓天天自己吃呢？」安妮眉頭微微一皺，小聲問道。

「讓他自己吃東西會弄得全身都是，而且總是一邊吃一邊玩，我這樣餵他吃還比較快，習慣了……」

「習慣了？」安妮的眉頭皺得更緊，擔心地說：「這樣會讓孩子變得很依賴，對他的成長不太好。」

「不會啦，等他長大一些，學會自己照顧自己，我就可以完全放心地不再管他了。」

見她如此固執己見，安妮不好再說什麼，只是建議她最好從現在開始就教育孩子，自己的事情要自己做。

過了幾天，孫莉帶著天天出門逛街，在路上遇到一個朋友，她開心地和那人閒聊起來。這個朋友覺得小天天很可愛，想伸手抱抱他，他卻放聲大哭，邊哭邊往孫莉的身後躲。

「對不起，我家孩子有點怕生。」孫莉連忙道歉。

「呵呵，沒關係，我還有事先走了，改天再找妳聊啊。」

「好的，慢走。」朋友離開後，孫莉轉身看著小天天，嘆口氣無奈地說：「唉，你什麼時候變得這麼怕生了？」

孫莉前往一條平常沒去過的商業街，看著琳琅滿目的商品開心不已，拉著小天天就要往最近的一間店走，可是才走了兩步，就聽到小天天哭喊道：「媽媽，不去……怕……」

「咦？媽媽去幫天天買好看的衣服，天天不要新衣服嗎？」她哄勸道。

小天天仍然一個勁地搖頭，哭聲越來越大，她只好抱著他離開，坐車去了安妮家。

一進門，她就癱坐在沙發上，安妮好奇地問：「妳不是說今天要去逛街嗎？」

「唉……別提了！」她把今天發生的事情描述給安妮聽，最後感嘆道：「真不知道天天什麼時候變得這麼怕生了，真是的，本來想幫他買兩件衣服的！」

安妮聽了，語重心長地說：「還記得之前爬山的時候我問過妳，為什麼不讓天天自己吃飯，告訴他自己的事情要自己做呢？妳還記得嗎？」

「好像有吧，難道那跟天天怕生有關係嗎？」只是餵孩子吃個飯而已，跟他現在怕生有什麼關係？孫莉真的不明白。

「當然有關係。當時我還說，千萬不能讓天天對妳產生依賴……現在看來，他變得無法適應環境，無法與人正常地接觸和交往，正是對妳產生了依賴心理。」

「嗯？」

「一切事情都由妳幫他安排好、解決好，他不用為自己的事情傷腦筋，不用思考。這樣一來，他會一直依賴妳，沒有了妳，也會想依賴別人。再繼續這樣下去，後果會很嚴重，他會變得無法適應外界環境，也無法順利地成長，將來遇到失敗和挫折時，他會很難面對。」

「天哪……不會這麼嚴重吧？那……我該怎麼辦？」

難道小天天以後會因為自己的寵愛，變得毫無生存的能力？現代社會競爭這麼激烈，如果孩子沒有生存能力，簡直太可怕了。

「告訴他，自己的事情一定要自己做，就算一開始做得不好，但他畢竟努力去做了。此外，只要是孩子想自己做的事，父母就不要干涉太多。孩子想作主的事情，父母盡量不要限制。這樣才能讓孩子慢慢融入社會，適應環境，提高自己的能力，最終擁有才華和成功。」

不做溫室的花朵，要當沸水裡的咖啡豆

孫莉覺得安妮的建議很有道理。為什麼自己沒想到這些呢？唉，明明是愛孩子，想要盡可能無微不至地照顧他，沒想到最後卻是害了孩子。

> 父母寵愛孩子，必須注意愛的方式，要愛得適度，應該放手的就讓孩子自己去做，培養孩子的獨立性。

否則，一味地寵愛孩子，不讓孩子適應環境，很有可能會毀了孩子的一生。

猶太父母十分重視培養孩子的獨立性、鍛鍊孩子的處事能力，他們經常鼓勵孩子的一句話是「自己的事情一定要親自動手做」。

猶太父母認為，想要培養孩子的獨立性，就不能把孩子當成溫室裡的花朵。「要讓孩子把自己視為沸水中的一顆咖啡豆」，這是他們獨特的教育理念，唯有經過沸水的煎煮，咖啡才能散發出更加香醇的味道，獲得更多人的喜愛與讚賞。

讓孩子學會自己的事情自己做，既能鍛鍊孩子的適應能力，也不會讓孩子對他人產生依賴。孩子的個性越獨立自主，越能適應各種環境，在最短的時間內融入群體生活，即使環境產生變化，也能靈活變通地解決遇到的問題。

自己的錯自己擔

——培養孩子的責任感

責任感不是與生俱來，而是靠後天培養的。猶太父母非常瞭解培養孩子責任感的重要性，他們認為應該儘早告訴孩子「責任」這個詞的意思，教育孩子不管什麼時候都要有責任感，努力做好自己應該做的事。

購物回家的路上，小天天吵著要幫孫莉拿東西，伸手在孫莉的購物袋裡亂翻。

「咦，我拿這個。」

他拿出一盒雞蛋，高興地向前跑，孫莉還來不及阻止，就聽「啪」一聲，小天天手裡的雞蛋掉到地上了。

「看吧，不讓你拿你非要拿，總是不聽話，這下好了吧，雞蛋摔碎了。」孫莉半開玩笑，半埋怨道。

小天天一副委屈得快要哭出來的樣子，孟磊趕緊打圓場說：「沒關係，這不是天天的錯，誰叫雞蛋那麼大盒，天天的手太小，對吧？」

「嗯！」小天天抽泣兩聲，抹乾眼角的淚，突然指著孫莉嚷道：「都是媽媽說話太大聲，嚇到我了，才會害我打破雞蛋……」

「這孩子，自己做錯事，怎麼還怪媽媽？」

孫莉瞪了他一眼，他趕緊躲到孟磊身後，淘氣地朝她吐舌頭。孫莉更加生氣，作勢要打，孟磊卻笑嘻嘻地攔住她：「怎麼跟孩子一般見識呢？好了，快回家吧，安妮不是要過來嗎？」

孫莉看看手錶，發現時間快來不及了，只好暫時擱置這件事，加緊腳步趕回家。

努力了，就是負起自己應該承擔的責任

「安妮，請進，你們等很久了吧？」回到家，安妮、蓋圖和約瑟夫果然已經到了。

「真是抱歉，路上有點事耽擱了！」

「孫阿姨怎麼了，好像有些不高興。」蓋圖一進屋就發現她的表情不太對，小心翼翼地問：「是不是誰惹妳生氣了？」

「哼！」聽到他這麼問，孫莉忍不住氣憤地哼了一聲，看著依舊躲在孟磊身後的天天說：「還不是天天，一點也不聽話，真是氣死我了。」

「怎麼了？發這麼大的脾氣？」安妮笑問。

孫莉把剛才發生的事情講了一遍，最後氣憤地說：「妳說說，這孩子是怎麼了？他自己打破雞蛋，竟然把過錯推給別人。」

「因為天天還小，責任感不強嘛！」這時，蓋圖搶先回答，「阿姨，妳應該告訴天天什麼是責任感，從現在就開始教他做個有責任感的孩子。」

「是這樣啊……可是要怎麼教呢？」

孫莉心想，就算跟孩子講道理，他恐怕聽不進去也聽不懂吧。如果不用大道理去說服兒子，還有什麼方式呢？

「嘿嘿……」蓋圖突然笑了出來，眨著眼睛對她說：「阿姨，我講個故事給天天聽吧，他應該會受到很大的啟發喔。」

「真的嗎？那你快講吧，我也想聽聽。」

蓋圖清了一下嗓子，得意地環視一圈，然後慢條斯理地開口說：「那麼，我要開始講故事囉……」

蓋圖講的是一個村莊被大水淹沒的故事。

有一天，一個村莊被大水淹沒，幸好大部分的人都獲救了。但是，有位中年婦女發現自己的丈夫沒有逃出來，於是大聲哭喊，希望有人再划船進村子裡幫忙找找她的丈夫。然而，大家都是死裡逃生，害怕大水，誰都不想進去。正當婦女絕望之際，一個年輕人站起來，大聲地說：「我去！」但是這個中年婦女堅決反對年輕人進去村子，因為這個年輕人是她的兒子，她不想失去了丈夫之後再失去兒子。

兒子卻說：「逃出來的時候，是爸爸把我推上船的，是他給了我生存的希望。如果不是為了救我，爸爸一定可以逃出來。我必須進去，去救他是我的責任，否則我會一輩子受到良心的譴責。即使回去後無法找到爸爸，但我至少努力過了，負起了自己應該承擔的責任。」

說完之後，他不顧母親的強烈反對，毅然划著小船回到了被大水淹沒的村莊。時間一分一秒過去，很快地就過了一個小時，他沒有回來；經過兩個小時，他還是沒有回來。中年婦女陷入絕望之中，開始大聲哀哭。

就在這個時候，有人喊了一句：「快看，他回來了！」

一艘小船漸漸進入眾人的視線，船上站著那個年輕人，還有年輕人的父親。

「好了，故事講完了！」蓋圖拍拍手，然後微笑看著小天天，問道：「天天，如果是你，你會像那個年輕人一樣承擔自己的責任嗎？」

「呃……」小天天搖搖頭說：「不知道……但是，我覺得他做得對，值得我學習。」

「為什麼值得你學習呢？」安妮試著誘導他說出心中的感想。

他想了想，說：「因為……他不怕死，救回了爸爸。」

「他為什麼要回去救自己的爸爸呢？冒險回去，他很有可能會死啊！」

小天天想了又想，才慢慢地回答：「可是……他爸爸是為了救他才被困在大水裡，所以他必須去救……如果……如果是我，我也要去救，否則……心裡會難受。」

猶太智慧教養 38

好事可以與他人分享，責任一定要自己背負

「嘿嘿……看來天天有點瞭解什麼是責任感了。現在說得太多他也吸收不了，以後阿姨只要多講一些關於責任感的故事，他慢慢就會知道責任是什麼、一個人要如何承擔責任了。」

孫莉忍不住驚嘆道：「蓋圖真是個小神童，長大後一定不得了。」

果然是有其母必有其子，她心想，自己必須再加把勁、做個稱職的媽媽才行，一定要把兒子教育成一個有責任感、有勇氣承擔責任的人！

責任感重要嗎？答案當然是肯定的。一個人有沒有責任感，與成功有很大的關係。有責任感的人，會認真地工作，力求把分內的事情做到最好；沒有責任感的人，總是敷衍了事，得過且過。

責任感不是與生俱來，而是靠後天培養的。猶太父母非常瞭解培養孩子責任感的重要性，他們認為應該儘早告訴孩子「責任」的意思，教育孩子不管什麼時候都要有責任感，努力做好自己應該做的事。

發生問題時，不管後果有多嚴重，一定要勇於負責，不能把自己的過失推給別人。

猶太人流傳著這樣一句話：「好事可以與他人分享，但責任一定要自己背負。」猶太父母經常告訴孩子，責任與一個人的年齡和社會背景無關，不論是小孩或老年人、窮人或有錢人，都要隨時準備承擔自己的責任，特別是在自己犯了錯之後。

責任感不是與生俱來，而是靠後天培養的。責任與一個人的年齡和社會背景無關，不論是小孩或老年人、窮人或有錢人，都要隨時準備承擔自己的責任。

遇到難題不妨先放下
——教孩子學會「撤退」，解除壓力

華人父母總是教育孩子做事要堅持，要持之以恆。猶太父母卻覺得，唯有讓孩子保持實力與信心，不斷加強自己的能力，才有可能擊敗困難，成為最終的勝利者。猶太人認為，撤退並不表示戰敗，學會「撤退」反而有利於戰勝困難，走向成功。

「孫阿姨，今天可以帶天天過來玩嗎？我買了新的拼圖喔。」

孫莉接到蓋圖的電話，立刻就答應了，吃過中飯之後就帶著天天出門。一進安妮家，蓋圖就興匆匆地拿出拼圖，三個孩子高興地跑進房間玩。孫莉和安妮則坐在客廳裡聊天。

「最近總覺得天天的學習狀況不太好，始終跟不上我安排的進度，真是頭痛！蓋圖和約瑟夫在學習的過程中，有發生過類似情況嗎？」孫莉苦惱地說。

「好像很少遇到這樣的情況，因為我會根據兩個孩子的表現來安排他們的學習進度，不會過多也不會太少。」

安妮想了想，接著問：「妳是不是給孩子的學習內容太多了呢，妳想想看！」

「應該不會吧！」

「或是哪個環節上出了問題，妳多觀察一下，看看天天到底哪裡不對勁，然後我們再分析一下怎麼應對。」

「嗯，謝謝妳，安妮，自從認識妳之後，我學到了很多東西。沒有妳的話，我真不知道應該如何教育孩子，真是太感謝妳了。」

「不用這麼客氣啦，妳也幫了我不少忙啊。」安妮有些不好意思。

兩個人同時笑了出來。孫莉正想和安妮繼續聊，房間裡卻傳出蓋圖的驚叫聲。

偶爾撤退一下，沒關係！

「發生什麼事？是不是天天怎麼了！」

孫莉和安妮先是對望，接著趕緊跑向孩子們的房間，剛走到門口就聽到天天的喊叫聲。

「哼，我不玩了，我不玩了！」

打開房門，孫莉看見天天在扔手裡的拼圖，趕緊大聲喝斥：「天天，你在做什麼？不能沒有禮貌。」

天天一聽到她的聲音，嚇得趕緊站起來，一臉委屈地低下頭。

「約瑟夫，這是怎麼回事？」安妮看著地上散落的拼圖，好奇地問。

「嗯……」約瑟夫支支吾吾，似乎不知道該怎麼說才好。

「天天拼到一半，突然不會拼了，我和約瑟夫一直鼓勵他，可是他突然就放棄了，說不想繼續玩了。」蓋圖無奈地說。

「天天……是這樣嗎？」孫莉忍住怒火，耐心地詢問。

天天怯怯地抬起頭，看了她一眼，發現她一臉怒氣，又低下了頭。

「說啊，是不是！」

「嗯！」天天輕輕地點點頭。

「知道錯了嗎？」孫莉問。

天天低著頭不說話，孫莉生氣地說：「你怎麼不說話啊？你說背不了書，算術不會做，媽媽也沒罵你，怎麼現在連個遊戲也不好好玩呢？你在耍什麼性子？」

「……媽媽……我，我真的拼不出來。」

「孫莉，等一下，」安妮趕緊攔住孫莉，和藹地對天天說：「拼不出來就不拼了，請哥哥帶你去玩別的，好嗎？蓋圖，快帶著兩個弟弟去玩，天天喜歡聽故事，就講給他聽吧！」

蓋圖點頭，拉起約瑟夫和天天的手走出去，不一會兒，外面就傳來蓋圖講故事的聲音。

孫莉不甘心地對安妮說：「妳為什麼不讓我好好罵他一頓，拼圖有什麼難的，就算真的拼不出來，也不用鬧脾氣吧。」

「我有話要問妳，孫莉。」安妮不答反問：「妳怎麼老是訓斥孩子啊？」

「沒有啊，我只會鼓勵他，這是第一次發火，因為他的表現實在太差勁了，怎麼能半途而廢呢？再怎麼困難，也應該堅持下去啊。」

「妳這樣對待孩子，他的學習情況當然會不好啊。」安妮想了想說道。

「咦？為什麼？」

「因為妳給孩子的壓力太大了。當他遇到解決不了的難題時，妳應該讓他學會『撤退』，暫時把他的注意力轉移到比較有信心的事情上，而不是繼續讓他在這個難題上打轉。」安妮嘆了口氣，緩緩說道。

「可是……這不就等於教孩子半途而廢嗎？」

孫莉覺得安妮的說法不太對，畢竟很多教育書不是都說，絕對不能教孩子半途而廢啊！

「沒有什麼不好的，」安妮解釋，「如果孩子一直無法解決難題，自信心會受損，甚至完全喪失自信，認為自己沒有解決問題的能力。一旦孩子的自信心被摧毀，當他面對其他難題時，就會更容易放棄，完全失去解決問題的能力。或許就是天天最近學習狀況變差的原因。」

「真的是這樣嗎？」

「想像一下，把孩子的學習想像成一場戰爭，如果勝利在望，父母的鼓勵肯定能加強孩子的信心，使孩子充滿鬥志，最終獲得成功。但是如果這場仗不管怎麼看，孩子都不可能獲勝，就要選擇撤退，因為硬攻只會讓孩子損兵折將。妳難道不應該建議孩子先撤退，等到能力提升後再繼續打這場仗嗎？」

猶太智慧教養 39

撤退比堅持更重要！與其摧毀孩子的意志力，不如培養戰鬥力

「這……好像很有道理，我……我知道該怎麼做了，謝謝妳，安妮，妳又幫了我一個大忙啊。」

不論做什麼事情都應該有張有弛，在教育孩子學習的問題上也是如此。如果孩子遇到暫時無法克服的難題，絕對不能強迫孩子完成，而是應該適時讓孩子學會放下，找出問題所在，等待能力提升時，再回頭攻下難題。

華人父母總是教育孩子做事要堅持，要持之以恆。猶太父母卻覺得，唯有讓孩子保持實力與信心，不斷加強自己的能力，才有可能擊敗困難，成為最終的勝利者。

猶太人認為，撤退並不表示戰敗，學會「撤退」反而有利於戰勝困難，走向成功。因此，當孩子遇到困難的時候，猶太父母會教育孩子學會「撤退」。

此外，猶太父母也認為，讓孩子長期與無法解決的難題「纏鬥」，會摧毀孩子的意志力，讓孩子不再有自信，解決問題的能力也會隨之下降。因此，他們不會讓孩子鑽牛角尖，折損孩子成長的羽翼。這種教育方式與理念，反映了其靈活機智、善於變通的處事態度。

PART 5

家庭vs.家教

── 溫暖的家庭，是給孩子最自然的家教

猶太人是個多災多難的民族，歷經幾次大遷徙，被外邦種族趕出家園，也曾遭遇近似種族滅絕的大屠殺……在種種的歷史傷痛與文化背景下成長的猶太人，似乎比其他民族更瞭解生命的寶貴，更熱愛家庭，並且教育孩子要熱愛家人。

孩子是神賜予的禮物
——要珍惜，不要溺愛

猶太人虔誠地相信，孩子是神賜予的禮物，因此這份禮物越多越好，不可以剝奪孩子出生的權利。雖然他們非常愛孩子，卻不會對孩子百依百順、過分寵溺。從孩子很小的時候，他們就會告訴孩子做人處事的道理。

這天，孟磊回來得要比往常晚。

「老公，今天怎麼這麼晚啊？」

剛進家門，孫莉就迎上來接過他的公事包，兒子天天更是急忙跑了過來，抱住孟磊的腿，用稚嫩的童音喊道：「哇，爸爸回來了！爸爸有沒有想天天？天天最想爸爸了。」

「爸爸也想天天啊！」孟磊彎下腰抱起天天，疼愛地撫著兒子的頭，突然嘆了口氣對孫莉說：「孫莉，主管今天說，想要派我去以色列進修……可能……要去一年呢，我……」

他支支吾吾地轉過頭來問她：「我要不要去呢？讓妳自己照顧天天，太累了。」

孫莉先是愣了一下，然後笑著說：「老公，這是好事啊，千載難逢的機會，你必須去。」

得到孫莉的支持，孟磊當然很高興，但還是有些擔心，「整整一年啊……我不在，妳和天天怎麼辦？我不放心啊……老婆，妳這次的反應真是讓我刮目相看呢！不論如何，我都很謝謝

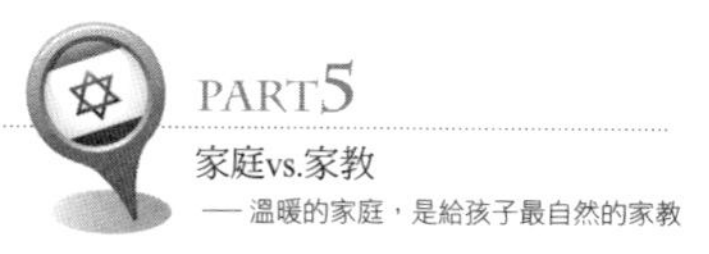

妳的支持！」

孩子越多，家庭越幸福

其實孫莉一聽到他要離家一年，心裡還是有點猶豫，因為天天年紀還這麼小，難以想像他沒有父親的疼愛，會有多不適應！但是如果不讓老公去，對他不公平，畢竟出國的機會不是想有就有的！所以，她還是決定支持老公。

「呵呵，老公，你剛才是說要去以色列嗎？只有一年嗎？如果表現得好，可以繼續留在那裡的話，或許我和天天也能去……維茲和安妮的家鄉，猶太民族的聖地，如果能親自去感受一下多好啊！如果可以學到先進的教育理念與方式，那就更好了……」

她越想越高興，忍不住笑了出來。

孟磊見她一個勁地傻笑，還以為她是受了刺激，於是趕緊回答：「不會的，只是短期培訓，如果表現好的話，只可能提前回家，不會讓我們留在以色列。」

「這樣啊。」孫莉想了想，毅然決然地點頭說：「好，那你去吧，反正我現在也不上班，如果孩子想你，我就直接帶他飛過去，一年的時間眨眼就過了。」

兩個月後，分離的時刻終於到了。孟磊在機場依依不捨地和妻兒告別，坐上了飛往以色列的班機。到了以色列，他和同事小張被安排住在同一間公寓，兩人隔天就到新公司報到了。

第一天上班，經同事介紹，孟磊認識了他的「拉比」，名叫玻爾。在猶太民族中，老師和智者都被尊稱為「拉比」，意為「有智慧的人」。

孟磊漸漸發現，玻爾不愧是每個同事口中的拉比，雖然只比他大幾歲，卻擁有非凡的專業技術，最讓人嘆服的是竟然能說一口流利的中文，和他溝通一點也不吃力。而且玻爾雖然是公司的資深員工，卻沒有半點架子，待人和藹可親、熱情大方，孟磊很快就喜歡上這個熱情的猶太同事，沒多久兩人就成了好朋友。

有天下班，玻爾對孟磊和小張說：「小孟，小張，一會兒到我家吃飯吧，我想向你們介紹我的家人，他們一直希望能結識一些外國朋友，希望你們賞光。」

孟磊和小張一聽，欣然答應了。答應之後，孟磊與小張卻很緊張，雖然他們對於猶太人的習俗已經有所瞭解，但是聽說玻爾一家與普通的猶太人家有些不同，畢竟他們經常旅居各國，很多時候並不完全按照習俗生活，甚至連處事方法都不太一樣。所以，孟磊和小張十分擔心，這次去玻爾家做客萬一說錯話、做錯事怎麼辦？

玻爾似乎看出他們的心思，寬慰他們說：「小孟，小張，你們不用顧忌那麼多……這頓晚餐沒有邀請其他人，只有我太太、三個兒子和兩個女兒，你們不用太緊張。」

啊？三個兒子和兩個女兒？孟磊聽了大吃一驚，心想：現在不是流行少生孩子嗎？怎麼玻爾家會有這麼多孩子呢？有五個孩子會是什麼情景，孟磊怎麼樣都想像不到。

「哇，你怎麼生這麼多孩子啊！」小張是個心直口快的年輕人，玻爾話音剛落，他就開口驚叫道。

玻爾笑道：「哈哈，因為我們猶太人認為『多子是福』！」

下班後，玻爾開著車，三個人一路說笑，不一會兒就到家了。有個女人熱情地向他們揮手，後面還跟了好多人。

玻爾微笑著向他們介紹：「小孟，小張，這是我的太太凱薩琳。她抱著的是我的小女兒，這一對雙胞胎是我的兩個大兒子，綁辮子的是大女兒，穿海軍服的是我的小兒子。」

「我和我的孩子……很高興見到你們！請進！」凱薩琳用不太流利的中文說道。

玻爾的五個孩子都非常可愛，並且很懂禮貌，雖然不會說中文，仍然熱情地牽著他們的手，以實際行動表達歡迎。孟磊被玻爾一家人的真誠和熱情感動，覺得有些受寵若驚。

進到屋裡，凱薩琳將懷裡的小女兒交給玻爾，就進廚房做飯了。此時，孟磊驚訝地發現，孩子們都專心地做起自己的事：雙胞胎兄弟在看同一本書，綁辮子的小女孩和穿海軍服的小男孩在用積木搭房子，每個人都不吵不鬧，懂得禮讓。和諧的景象讓孟磊既驚訝又羨慕。

看到玻爾的家庭這麼和睦美滿，孟磊終於體會到玻爾所說的「多子是福」，忍不住誇讚：「拉比，我真羨慕你，每個孩子都這麼聽話。一開始我還以為，孩子這麼多，家裡應該很亂……真是抱歉啊！」

玻爾笑著說：「我們猶太人，一向將孩子看成家庭中最寶貴的部分，看成是神賜予我們的禮物。我們珍惜每個來到這個世界上的孩子，但是並不溺愛他們，而是教導他們許多做人處事的道理，例如兄弟姐妹要互敬互愛。」

猶太智慧教養 40

沒有養不起的孩子，只有教不好的父母

「呵呵，原來是這樣啊！」孟磊聽了之後，恍然大悟。

當天晚上，他在寄給孫莉的電子郵件裡感慨地寫道：「真的很羨慕『多子多福』的玻爾，他的孩子們好懂事！不知道他們夫妻是如何教育的。我有預感，在以色列這一年，我能從玻爾身上學到很多東西，他不僅是我工作上的拉比，更是我生活中和教育方面的拉比。」

猶太人虔誠地相信，孩子是神賜予自己的禮物，因此這份禮物越多越好，不可以剝奪孩子出生的權利。他們非常愛孩子，卻不會對孩子百依百順、過分寵溺。

從孩子還很小的時候，他們就會告訴孩子做人處事的道理，讓他們懂得與他人和睦相處、對待他人有禮貌，並且以身作則地向孩子們展現出團結互愛的價值和意義。正是由於這種早期的教育，猶太人很小就明白擁有一個幸福家庭的重要性。

因此，在猶太家庭裡，很少出現親友之間發生爭執的情況，更別說由於親人發生爭執而造成的種種悲劇了。

提升智力、體力與美感的全面教育

猶太人在教育孩子時，很重視孩子的全面發展，包括繪畫、體育、語言等。但是他們並不採取華人父母常用的填鴨式教育，也不會強迫孩子學習各種才藝，而是尊重孩子的喜好與興趣，給予孩子更多發展與成長的空間。

經過一段時間的接觸，孟磊對玻爾的家人越來越瞭解。玻爾最小的女兒才兩歲，名叫瑪麗亞，一對十二歲的雙胞胎男孩分別是以利亞和亞倫，這些名字都是猶太民族著名的先知。最小的男孩四歲，叫做雅各，這個名字來自《聖經》十三位門徒之一。大女兒叫路德，九歲，名字也取自《聖經》。

孟磊曾經開玩笑跟玻爾說：「拉比，認識了你們家的每個人，等於讀了一本猶太人的歷史。」

玻爾是個稱職的拉比，不僅將自己的專業技術耐心地傳授給孟磊和小張，還經常在休息日帶他們參觀以色列的教堂和博物館。這是玻爾善解人意之處，他知道兩個年輕人離鄉背井到以色列，一定會寂寞、想家，因此盡量幫助他們減輕思鄉之苦。

這天，孟磊和小張又受到玻爾的邀請，他們在路上為玻爾的孩子們買了些禮物，表達感恩與謝意。

猶太人的啟蒙教育，就從小地方開始

到了玻爾家後，孟磊和小張拿出為孩子們精心挑選的禮物。他們送給玻爾最小的女兒一個洋娃娃，她十分開心，抱著幾乎和她一樣高的洋娃娃，咿咿呀呀不知說著什麼。凱薩琳想讓她用中文表示感謝，卻無法讓她把注意力轉移到客人的身上。

孟磊笑著說：「沒關係，孩子還那麼小。」

但是凱薩琳不想就此放棄，堅持要孩子對客人表示謝意。

「寶貝，跟叔叔說『謝謝』……寶貝，看媽媽這裡……」

孟磊不好意思地說：「真的不用，凱薩琳。孩子太小了，不用勉強的……」

凱薩琳對孟磊笑了笑，說道：「我不只是想讓她跟你們道謝，還想訓練一下她的語言能力，讓她多說話。」

「這麼小的孩子，學第二種語言太困難了吧？」孟磊疑惑地問。

「學中文並不是主要目的，」凱薩琳說，「重點在於讓她練習發音，懂得交流。」

孟磊明白了凱薩琳的用意，敬佩地說：「哦，原來是這樣……順便說一句，妳的中文說得越來越好了呢！」

「這要歸功於你們，你們常來做客，和玻爾用中文交談，我聽得多就進步了。」

「切切……切切……」

小女孩不太會發「謝謝」的音，只能說成「切切」。但是凱薩琳仍然興奮地在女兒臉上親了一下，說道：「太棒了！寶貝！」

孟磊發現，玻爾家總是用鮮花裝飾得十分漂亮，便問道：「你們好像很喜歡花呢！」

玻爾笑著回答：「是啊，我覺得家裡有花，更有生機，空氣更好，也能藉機教孩子一些花卉知識，有利於孩子們的成長。」

玻爾拿出一本書，走到雅各身旁，對他說：「告訴爸爸，花瓶裡這朵花的顏色，是書上的哪一種？」

小雅各認真地看看花瓶裡的花，又看了玻爾手上的書，猶豫地指著書上的「紅色」。

玻爾滿意地點點頭，隨手將花朵舉到小雅各搆不到的高度，說道：「孩子，你能拿到這朵花嗎？」

「孟磊，你一定以為我在戲弄孩子吧？其實，我是要從各個方面提升孩子的能力。」玻爾注意到孟磊皺起了眉頭，看出他的想法，於是向他解釋。

「從各個方面？」孟磊疑惑地問道。

「對，也就是對孩子進行全面的教育，包括智力或體力。而且對孩子的教育，要從身邊的每件小事做起……讓他們多練習說話，是訓練他們的語言能力；指出花朵的顏色，是鍛鍊他們分辨顏色的能力；讓他們跳躍，是鍛鍊他們的運動能力……唯有全面培養他們各方面的能力，才能達到啟蒙教育的效果，才有利於孩子的健康成長。」

正說著，小雅各忽然奮力一跳，拿到了玻爾手中的鮮花。他高興地叫著：「爸爸，快看！我拿到了！」

「乖寶貝，跳得真高！太棒了！」玻爾笑著鼓勵兒子。

孟磊對於玻爾和凱薩琳在教育方面的耐心，萌生敬意。身為五個孩子的父母，還能這樣循循善誘地教導，真不容易。反觀自己經常因為工作忙碌，對兒子的問題置之不理，或是因為勞累而忽略對兒子的教育，一想到此，不禁覺得有些羞愧。

這時，小張走過來對玻爾說：「拉比，路德拿蠟筆在牆上畫畫呢！都快畫滿一面牆了！」

「沒關係的！那是我家孩子的『塗鴉牆』，是專門用來畫畫的。」

「塗鴉牆？」孟磊和小張異口同聲地喊了出來。家裡怎麼會有塗鴉牆？

猶太智慧教養41

教育孩子，要從生活小事做起

玻爾招招手，邀孟磊和小張進入孩子們的房間，參觀其他的塗鴉牆。只見牆上釘了一塊木板，木板上貼著一張白紙，路德就是在這張白紙上畫畫。

「這就是『塗鴉牆』？」小張好奇地問。

「沒錯，這就是孩子們的塗鴉牆，」玻爾解釋，「繪畫是孩子的一種本能，它不僅使孩子對於『美』有更深的瞭解，也是一種重要的情感表達方式。所以，我們為孩子們設置了塗鴉牆，讓他們擁有一個展現自己才能的空間。不過，孩子們不能天天畫，要輪流。輪到誰的繪畫日，誰才可以使用塗鴉牆。今天是路德的繪畫日，明天就輪到瑪麗亞了。」

孟磊點點頭，很佩服地豎起大拇指說：「我懂了！練習繪畫也是培養、教育孩子的一種方式，這就是你們的『全面教育』。怪不得猶太人出了這麼多大畫家，因為你們特別注重為孩子創造一個自由發展的空間啊！」

當天回去後，孟磊趕緊將這個重要觀念寫信給孫莉，也建議她為兒子設計一面「塗鴉牆」，讓他自由發揮才華，說不定以後就能成為大畫家！當然，如果這是孩子的願望的話！

猶太人在教育孩子時，很重視孩子的全面發展，包括繪畫、體育、語言等。但是他們不採取華人父母常用的填鴨式教育，也不強迫孩子學習各種才藝，而是尊重孩子的喜好與興趣。

這種早期教育，不僅可以陶冶孩子的性情，還可以瞭解孩子內心的想法。唯有如此，家長才能真正明白孩子的需要，給予孩子更多發展與成長的空間。或許這正是猶太民族出現很多「天才」的原因吧。

猶太人在教育孩子時，很重視孩子的全面發展，包括繪畫、體育、語言等。但是他們不會強迫孩子學習各種才藝，而是尊重孩子的喜好與興趣。

問與答，拉近親子之間的距離

猶太人喜歡講故事給孩子聽，並且會在故事中穿插問題，以此激起孩子們的好奇心，引導他們思考、提問。溝通能夠拉近家長和孩子們的距離，華人父母不妨參考猶太人的做法，多用問答的方式，增加與孩子的溝通機會，鍛鍊孩子的溝通能力。

「好了，講故事的時候到了！」

玻爾環視圍坐在他身旁的每個孩子，準備開始講故事……

之前，玻爾曾經告訴孟磊和小張，他們家每天吃飯前都會進行一場小型聚會；而聚會的內容是講故事、說笑話，目的是與孩子溝通。每到這個時候，孩子們都會各就各位，興致勃勃地等待爸爸或媽媽講故事。

此刻，小瑪麗亞坐在玻爾的腿上，興奮地扭著身子；孟磊則很慶幸自己有機會參加這種溫馨的家庭聚會。

說故事就好，為什麼還要問問題？

「誰能告訴我，這次我們該講什麼？」玻爾問。

「講『諾亞方舟』！」小雅各搶先回答。

「沒錯，應該講『諾亞方舟』了。不過，我相信，以利亞和亞倫應該都很熟悉這個故事了，是不是？」

雙胞胎兄弟相視一笑，不好意思地點點頭。孟磊知道，這對雙胞胎雖然年齡最大，但是個性有點靦腆，與他們相比，小雅各活潑調皮多了。

「嗯，既然以利亞和亞倫知道這個故事，那麼今天就由他們來講這個故事，好不好？」

小雅各似乎不贊成父親的提議，手臂交叉放在胸前說：「爸爸，我也知道這個故事，為什麼不讓我講？」

「寶貝，我知道你會講這個故事，不過這次讓給哥哥們講，好不好？下次一定讓你講！」

「好吧，爸爸，下次一定要讓我講喔。」

於是，兩個雙胞胎你一句我一句，慢慢地開始講述「諾亞方舟」的故事。講完之後，玻爾帶頭鼓掌，誇讚他們配合得很好，然後馬上又向孩子提出問題：「孩子們，你們誰能告訴我，為什麼諾亞是唯一得到上帝寬恕並受到上帝特別照顧的人？」

以利亞想了想，「因為諾亞有很多子女！」

玻爾笑著對他說：「孩子，諾亞居住的村子裡，很多人都不只有一個子女，不僅如此，他們還有父母、兄弟和姐妹，家族一點都不比諾亞小啊。再想想吧！」

看著這些孩子認真思考的表情，孟磊心想：他們都希望自己是第一個回答出問題的人，得到父親的讚賞吧！

「因為他年紀大！」小雅各很有自信地回答。

玻爾搖搖頭說：「諾亞當時年紀是很大，但並不是全村年紀最大的人啊……孩子們，再想一想，是什麼使得上帝能夠寬恕諾亞？諾亞到底與別人有什麼不同？」

孟磊聽過諾亞方舟的故事，但是之前並沒有想過這個問題，因此也覺得很好奇。但讓他不太明白的是，玻爾為什麼要在講故事的時候提出這麼多問題呢？

「我想……是因為諾亞信仰上帝？是不是，爸爸？」一直沒說話的路德小心地答道。

「沒錯，寶貝！妳說得沒錯，不過答案不只這個……」玻爾的臉上露出驚喜的神色。

看到姐姐回答出問題，雅各有些坐不住了，他看著父親，似乎在尋求提示。玻爾慈愛地看著他，眼神裡充滿鼓勵，於是小雅各大聲地說：「因為他善良！」

「沒錯！因為諾亞善良、虔誠地信仰上帝、樂於助人。孩子們，你們說得都對……」

孟磊聽了答案也恍然大悟，忍不住問道：「原來是這樣……那麼剛才兄弟倆講故事的時候，你為什麼沒有補充說明？」

「我提問的目的，是要讓孩子們培養思考的能力。這也是親子之間一種交流的方式，在我們猶太孩子牙牙學語時就開始了。」

玻爾說著，晃動了一下瑪麗亞的小手，「是不是啊，我的小寶貝？妳是不是也覺得兩個哥哥講得很棒呢？」

「棒，哈哈！」小瑪麗亞高興地大笑。

猶太智慧教養42

提問與答案一樣重要

這場別開生面的家庭故事聚會，讓孟磊和小張大開眼界。孟磊除了向孫莉詳細「報告」整個過程，也一再提醒孫莉：「講完故事，千萬別忘了多問兒子幾個問題喔！或許可以藉此鍛鍊一下他的語言能力呢！」

孫莉欣然聽從了他的建議，此後她只要講完故事，便會要求天天複述一遍，並向兒子提出一些問題，積極地與兒子進行溝通，果然收穫頗多。

在猶太民族中，有這樣一句話：

提問與答案一樣重要。這句話強調的就是人與人之間的溝通。猶太家長很喜歡發問，並鼓勵孩子們回答問題、繼續思考。

可以說，猶太人教育孩子的方法就是「對話法」。即使是面對牙牙學語的孩子，聽不懂大人在說什麼，猶太家長也會經常與他們對話。同時，他們也會鼓勵羞怯的孩子多說話，鼓勵他們多與客人進行溝通。

猶太人喜歡講故事給孩子聽，經常在故事中穿插問題，以此激起孩子們的好奇心，引導他們思考、提問。

溝通能夠拉近家長和孩子們的距離，華人父母不妨參考猶太人的做法，多用這種問答的方式，增加與孩子的溝通機會，鍛鍊孩子的溝通能力。

教孩子認識世界的殘酷
——適時告訴孩子，人性也有黑暗面

社會是複雜的，不僅有爾虞我詐，甚至還有骨肉相殘。因此，猶太人不會輕易相信他人。在他們看來，過於天真的人無法面對複雜的社會。猶太人認為，家長應該讓孩子從小就明白：絕不可以輕信任何人。

吃完晚餐，孟磊看到玻爾在和雅各聊天，好奇地走了過去。

小兒子雅各剛滿四歲，還不太會表達自己的想法，玻爾一邊和兒子交流，一邊翻譯給兩個客人聽。他對孟磊說：「你不是一直很好奇，我們猶太人是怎樣教育子女的嗎？今天正好，我要給小雅各上一課。」

孟磊一聽，高興地心想：太好了，又可以學一招了！

玻爾對雅各說：「寶貝，跟爸爸玩個遊戲，好不好？」

聽到要玩遊戲，雅各立刻興奮地回答：「好啊，爸爸，玩遊戲……我喜歡，喜歡遊戲。」

玻爾將兒子抱上壁爐台。壁爐台的高度雖然只有一公尺多，但是對一個四歲孩子來說，還是有一定的危險性。

「你要做什麼，玻爾？」孟磊既驚訝又緊張地看著，擔心會出意外。

玻爾回頭向孟磊眨眨眼睛，然後轉過頭對雅各說：「寶貝，記住，這個遊戲是這樣玩的——你從壁爐台跳下來，我接住你，跳三次，好不好？」

爸爸，你不是說會接住我？

雅各還沒說話，孟磊和小張就提出抗議：「怎麼可以玩這種危險的遊戲？玻爾，這樣很容易讓孩子受傷的！」

玻爾笑著說：「沒關係的，我們猶太孩子都要玩這個遊戲，我小時候就和父親玩過。而且我一定會接住他的，對不對，雅各？」

雅各怯怯地問道：「……爸爸，你真的會接住我嗎？」

「當然了，寶貝，我會接住你的，相信我！」

雅各立刻轉憂為喜，興奮地說：「好，我要跳了，爸爸！」

孟磊不明白，猶太家庭怎麼會玩這麼危險的遊戲？這就是玻爾所說的上課內容嗎？

雅各猶豫了一下，還是不敢跳下來。玻爾見狀，鼓勵他說：「沒關係的，孩子，我說過要接住你，就一定會做到。我數到三，你就跳，好不好？」

小雅各看了看父親，點點頭。

「一、二、三！跳！」

雅各跳下來的那一剎那，孟磊覺得自己的心臟停了幾秒。幸好玻爾接住了孩子，孟磊才放下心來。

雅各依偎在父親懷裡，咯咯笑道：「爸爸，我還要玩！我還要！」

玻爾將孩子放上壁爐台，再次接住往下跳的雅各。小雅各似乎玩上了癮，吵著還要玩。孟磊雖然不贊成玩這種危險的遊戲，不過看到雅各天真可愛的笑容，他也感受到這個遊戲的有趣。可是，「意外」發生了……

雅各第三次從壁爐臺往下跳的時候，玻爾站在原地一動也不動，甚至連腰都沒彎一下。雅各重重地摔在地上，雖然地上鋪著柔軟的地毯，但他還是痛得放聲大哭。

孟磊嚇得迅速抱起小雅各，一邊哄著孩子，一邊忍不住生氣地對玻爾大喊：「拉比，你怎麼能開這種玩笑！萬一摔傷了怎麼辦？」

雅各也哭著說：「爸爸，你不是說要接住我的嗎？爸爸你壞！嗚嗚嗚……」

面對孩子和孟磊的指責，玻爾的表現出奇冷靜。他微笑著請孟磊將孩子放到地上，雙手扶住雅各的肩膀，語重心長地對孩子說：「你為什麼相信我會接住你，孩子？我不是有意讓你受到傷害，但我是故意騙你的，因為我想讓你明白一個道理：在關鍵時刻，誰都不要相信，即使是自己最親近的人。不管是什麼時候，別人都有可能騙你，你能相信的只有你自己。」

雅各停止哭泣，疑惑地問道：「可是，你說要接住我的啊……你是……爸爸啊！」

「沒錯，我是說過，可是我能接住你一次、兩次，並不代表我能夠永遠接住你。孩子，你要明白，關鍵時刻，只有自己能夠幫助自己。」

雅各還是一臉疑惑，不太明白父親這番話的意思。不過，此時比雅各更困惑的是孟磊，他開始懷疑猶太家庭教育，質疑這種做法會讓孩子從小留下陰影，不再相信任何人。

「你為什麼要這麼做？為什麼要讓孩子對這個世界充滿了懷疑？你不覺得這樣太殘忍了嗎？」

「呵呵！孟磊，或許你覺得我殘忍，但這是每一個猶太人成長的必經之路——關鍵時刻只能相信自己。社會是複雜的，他們不可能永遠都生活在與世無爭的環境裡。提早讓他們明白世界並不如想像的那麼美好，即使是自己的親人也不能隨便相信，從小學會有所防範，這是為了他們的將來好。或許小雅各現在還無法體會我的用意，但這樣做能向他灌輸要時時防止自己上當受騙的意識，我希望你能理解。」

聽了玻爾這番話，孟磊啞口無言，難道真的是自己錯了？在他的觀念裡，孩子應該保有天真與純潔，過早讓孩子認識世界殘酷的一面，是一件殘忍的事情。可是，話說回來，孩子總有一天會長大成人，要走出家庭、走向社會，要獨自面對人心的險惡、世事的艱難，如果不從小告訴孩子要對他人有所防範，是否反而會讓他一再受騙呢？

猶太智慧教養 43

關鍵時刻，只能相信自己

玻爾繼續笑著對孟磊和小張說：「這種看起來有些殘忍的教育方式，在猶太家庭是很普通的。歷史與經驗告訴我們，只能相信自己，不管你願不願意。」

「嗯，我明白，你們是為了孩子好，只是我們的教育觀念有些不同！」

玻爾笑著點點頭。他們又聊了幾句，孟磊就匆匆告辭了，立刻回到公寓向孫莉描述這個「殘忍」的教育方式。

每個父母都希望孩子有一顆純真的心，相信這個世界是美好的，就像頭頂上蔚藍的天空一樣；人性是善良的，他人是可以相信的。但事實並非如此，這只是人們的美好願望而已。社會是複雜的，不僅有爾虞我詐，甚至還有骨肉相殘。正因如此，猶太人不會輕易相信他人。

在他們看來，過於天真的人無法面對複雜的社會。猶太人認為，家長應該讓孩子從小就明白：絕不可以輕信任何人。這種「只能相信自己」的想法，是孩子們形成獨立意識的基礎。

提早讓孩子認識人性與社會的複雜，就能讓他們減少被人欺騙的危險。

猶太人認為，家長應該讓孩子從小就明白：絕不可以輕信任何人。這種「只能相信自己」的想法，是孩子們形成獨立意識的基礎。

成長過程的必修課

——培養孩子的社交能力

華人父母對於孩子交朋友這件事總是過分關注，只要是他們認為不好的孩子，絕不會讓自己的孩子與之接觸，限制了孩子與他人的正常交往。猶太父母則鼓勵孩子廣交朋友，孩子想交什麼樣的朋友，父母一般都不會過於限制。

孟磊收到公司的通知，上面寫著一星期後將舉辦派對，慶祝公司成立十五周年，希望每個員工都帶自己的家人參加。

每逢佳節倍思親，公司慶典雖然不是什麼節日，卻也引發了孟磊的思念之情。離開家已經三、四個月了，雖然幾乎每天都和家人通電話或寫信，可是仍然無法解除思鄉之苦。正在嘆息時，玻爾走過來，拍拍他的肩膀說：「孟磊，那天的聚會一定要來哦！」

「我……就不去了吧。」接著，又自嘲似地補上一句：「去了反而更想家，更想家人。」

玻爾搖搖頭，笑著說：「如果你不去的話，雅各會和我翻臉的！」

「雅各也會來嗎？」

「當然啊，我的家人都會來，這是讓他們廣交朋友的好機會，當然不能錯過。雅各還問我：『孟叔叔會參加嗎？他如果在就好了。』你看，他已經把你當成好朋友了！」

孟磊聽了感動又高興，鬱悶之情消散不少，趕緊說：「告訴小雅各，我一定參加！」

今天的任務是認識新朋友

一星期後，公司的大型會客室布置得非常漂亮，桌子上擺了各種糖果、零食、酒水，大家一邊吃喝一邊聊天，心情愉快。

孟磊想起玻爾之前說的話，笑著對雅各說：「小雅各，你知道什麼是『朋友』嗎？」

雅各歪著小腦袋想了想，答道：「朋友就是喜歡逗我開心的人，願意幫助我的人，還有就是我喜歡他、願意將好東西跟他一起分享的人！」

「哇！你懂得真多。」孟磊接著又問凱薩琳：「這是妳教他說的嗎？」

「沒有，」凱薩琳微笑著回答，「我們確實跟他說過交朋友的重要性，但是雅各能理解到什麼程度，只能靠他自己領悟了。」

孟磊再轉頭問雅各：「那麼，叔叔是不是小雅各的朋友呢？」

「是！」雅各不假思索地說完，跑向擺放食物的大桌子，抓起一顆糖果，又跑回來將糖果塞到孟磊手中，說道：「我願意和你分享糖果！叔叔，給你吃！」

孟磊和玻爾被雅各天真的舉動逗得哈哈大笑，此時他卻用嚴肅的口吻說：「今天我來這裡，是有任務的！」

「哦？你有什麼任務？」孟磊覺得很好奇。

「認識新朋友！爸爸說，這次聚會有很多小朋友！」

雅各說得沒錯，確實有許多孩子跟著父母一起來。與其說這是公司成立十五周年的慶祝會，不如說它是一個大型的家庭派對更貼切。

英國同事喬治有一對漂亮的龍鳳胎，和雅各同年齡。一看到他們，凱薩琳對雅各說：「寶貝，你看，那兩個小朋友好可愛，你要不要去打個招呼呢？」

在母親的鼓勵下，雅各像個小紳士一樣，主動走了過去，禮貌地向他們問好，不一會兒三個孩子就熟絡起來，高興地玩在一起。

孟磊很想知道他們在說什麼，就悄悄地走到他們旁邊。讓他意外的是，雅各主動伸出右手，用英語向他們問好。不遠處的以利亞和亞倫也一改往日的靦腆，主動向其他小朋友自我介紹。雖然他們的表情看起來有點緊張，但是確實感受得到想要結交朋友的誠意。

孟磊環視會場，發現有家室的同事幾乎都帶了家人前來，而且他們的孩子都很善於交際，比大人們的情緒還興奮。這幅景象讓他更加思念兒子與妻子，不知道兒子天天是否交了新朋友，是不是也這麼開心地和其他小朋友交談呢？

猶太智慧教養 44

溫暖的友誼，勝過大筆的財富

猶太人很喜歡交朋友，認為朋友溫馨的祝福勝過大筆的資金。這或許與他們屢次遭受種族鎮壓和迫害有關，使得猶太人十分珍惜身邊每一個人。

此外，在猶太人眼中，良好的人際關係是成功的關鍵，讓孩子學習如何與他人交往是成長過程中的必修課。猶太父母非常重視培養孩子的社交能力，他們認為這樣做對孩子的成長幫助很大，因為在交朋友的過程中，孩子會逐漸懂得更多的社會道德規範和行為準則，更重要的是，讓孩子擁有自己最初的社交網路，能為孩子未來事業的發展與成功創造有利條件。

如何培養孩子的社交能力呢？猶太人鼓勵孩子廣交朋友，給予孩子絕對的自由，他們想交什麼樣的朋友，父母一般都不會過於限制。

反觀華人父母對於孩子交朋友這件事總是過分關注，只要是他們認為不好的孩子，絕不會讓自己的孩子與之接觸，限制了孩子與他人的正常交往，在這種環境中成長的孩子往往形成內向、孤僻、沉默寡言、軟弱怕事的性格，不利於今後的發展。

如果你也是這樣的父母，不妨學學猶太父母，讓孩子廣交各種朋友吧。

在猶太人眼中，良好的人際關係是成功的關鍵，讓孩子學習如何與他人交往是成長過程中的必修課。

經常對孩子說「你真棒」

——建立孩子的自信心

處於成長期的孩子，非常需要父母的支持和讚許，只要經常這樣做，就會增強他們的自信心。反之，如果父母對孩子期望過高、要求過多，超出孩子的能力，那麼孩子就會逐漸失去信心，變得消極、被動，對於學習等其他活動喪失興趣。

這次聚會不僅有美食，還設計了很多遊戲讓孩子們玩，其中有適合年紀稍大一點的，例如拼圖比賽；也有適合年齡較小一點的，比如慢跑比賽。遊戲開始後，會客室頓時變成孩子們玩樂的天堂，場面十分熱鬧溫馨。

「要是天天在就好了，他的拼圖速度可是一流的。」

看著這個景象，孟磊又想起了天天。

玻爾拍了拍他的肩膀說：「有機會的。不過，這次你可要為以利亞和亞倫加油啊！」

「沒問題，我一定全力幫雙胞胎加油！哈哈！」孟磊笑道。

孩子，爸媽以你為榮！

比賽開始了，孩子們兩兩一組，要拼的是摩西在山上接受上帝賜予十誡的圖。雙胞胎兄弟最強勁的對手是喬治家的兄妹，聽說他們經常玩拼圖，而且默契很好。進行沒多久，他們就大幅領先了。

「以利亞，亞倫，加油啊！」

孟磊在一旁心急地看著，恨不得親自上場替兩兄弟比賽。玻爾夫婦卻氣定神閒，似乎一點都不在乎比賽結果，而是更重視整個過程。他們看著兩個孩子配合得很有默契，眼神裡流露出自豪。

「以利亞和亞倫，加油啊！」玻爾當然也不忘記大聲地為孩子們加油。

不一會兒，孟磊發現自己的擔心是多餘的。摩西接受十誡的故事對於雙胞胎兄弟而言太熟悉了，當喬治家的兄妹還在拼天空中的雲彩時，雙胞胎兄弟已經拼完了。

玻爾夫婦帶頭鼓掌，凱薩琳高興地說：「我們的孩子真厲害！是不是？」

「沒錯，以利亞和亞倫是最棒的。」孟磊也由衷地稱讚。

「你們真棒！」兄弟倆走過來時，玻爾立刻上前擁抱。

「喬治兄妹也很棒，我們第一次遇到這樣的對手呢！」兄弟倆說著自己的比賽感受。

「你們在我和媽媽的眼中，永遠都是最優秀的孩子！」

這時，下一個遊戲即將開始，路德也報名參加了。凱薩琳的眼神有些擔心，叮囑道：「孩子，妳今天穿的是裙子，別參加了，不然會很危險的！」

「我不怕，我想參加！」

看著孩子如此執著地想參加比賽，玻爾勸凱薩琳說：「我看，就讓孩子試試吧！」

「那……好吧，」凱薩琳猶豫地點點頭，又叮囑路德：「聽媽媽的話，妳一定要小心啊！」

「放心吧！爸爸媽媽，我不會讓你們失望的！」

這個比賽的規則很簡單，房間的兩頭放了兩個籃子，每個籃子裡有一種娃娃。參賽的孩子們需要從房間的一頭跑到另一頭，並將籃子裡的娃娃對調。

路德每次彎腰撿娃娃的時候，總是被裙子絆到，影響了她的速度。兩輪下來，路德遠遠落後了其他孩子。孟磊著急地在旁邊大喊：「路德，加油，加油！」

比賽結束了，路德的成績很不好，沮喪地站在原地。比她更沮喪的是孟磊，他心想，好強的路德這下不能受到父母的讚美了，心裡一定很難過！

讓孟磊意外的是，玻爾夫婦對於獲勝的雙胞胎兄弟和戰敗的路德一視同仁，玻爾走到她身旁，輕輕地擁抱她，誇獎道：「妳真棒，我的寶貝！」

「對不起，爸爸，讓你和媽媽失望了……」路德羞愧地說。

「不，孩子。我們沒有失望啊，妳表現得很好，我們以妳為榮。」玻爾看著她，問道：「孩子，抬起頭，妳剛才的表現很出色，為什麼要這麼沮喪呢？」

「真的嗎？」路德難以置信地看著玻爾。

「沒錯，妳真的很棒，孩子。」

路德抱住玻爾的脖子，高興地歡呼：「謝謝爸爸，下次我一定會贏！」

成功了要讚美，失敗了也要鼓勵

「玻爾，路德輸了比賽，我還以為你們會責備她呢，現在看來，我的擔心是多餘的。」站在一旁的孟磊感動地說道。

「對我們來說，孩子的比賽結果並不重要，真正重要的是孩子的信心。贏得比賽的孩子需要我們的讚美，輸了比賽的孩子更需要我們的鼓勵，畢竟她已經盡了最大的努力。而且我們相信，如果她今天不是穿裙子，一定會得第一名。即使沒有得到第一名，做父母的也要以賞識的眼光去看待他們、鼓勵他們，讓他們對生活充滿信心與希望。」

即使孩子沒有得到第一名，父母也要以賞識的眼光去看他們，這就是猶太父母令人佩服之處。要是換成華人父母，早就訓斥孩子一頓了。

猶太人有一句至理名言：要按照孩子該走的路，充分地鼓勵他、讚美他。這是由於處於成長期的孩子，非常需要父母的支持和讚許，只要經常這樣做，他們的自信心就會增強，使他們更有勇氣、有毅力去追逐夢想、獲得成功。

反之，如果父母對孩子期望過高、要求過多，超出孩子的能力，那麼孩子就會逐漸失去信心，變得消極、被動，對於學習等其他活動喪失興趣。

所以，身為父母，不僅要盡量發掘孩子的長處，還要培養孩子的自信心，經常對孩子說「你真棒」、「你做得到」，這樣才能讓他們健康地成長。

發揮潛能的唯一方法
——勤奮學習，持之以恆

每個人都有潛能，但很少有人發現自己的「潛能」。猶太人不僅能夠發現自己的潛能，還找到了發揮潛能的最好方法——勤奮學習。猶太父母從小就培養孩子勤奮好學的精神，要孩子學會持之以恆地做一件有意義的事。

「小張，陪我去買電動！」這天下班，孟磊著急地對小張說。

「你都這麼大的人了，還玩電動啊？」小張以揶揄的口吻問道。

「誰說是我要玩了？你知道明天是什麼日子嗎？」

「什麼日子？」小張一頭霧水。

「你呀，竟然忘記雅各的生日了……」

「什麼，雅各的生日？」小張吃了一驚，立刻翻看桌曆，發現明天的日期確實用紅筆圈起來，旁邊標注著「雅各生日」。

「啊……我怎麼會忘了呢！你打算送他電動，是嗎？」

「對啊，怎麼樣？這個禮物不錯吧？」孟磊略帶得意地說。

「呃……猶太小孩會喜歡電動嗎？他們似乎只對書籍感興趣。」小張有些懷疑。

「對電動的喜好還分國籍和種族嗎？放心吧！小張，他絕對喜歡這份禮物，凡是地球人都喜歡玩電動！」

先讀書、畫畫，才能玩電動喔！

隔天，兩個人各自帶著準備好的禮物，準時抵達玻爾家。

小張搖晃手中的糖果盒，對雅各說：「雅各，你看叔叔送你什麼？」

「哇，我最愛吃的糖果！張叔叔真好，謝謝你！」

「謝謝！玻爾去買蛋糕了，馬上就回來，你們快坐下，吃點水果吧。」凱薩琳端著一個大水果盤從廚房裡走出來說道。

大家坐好後，孟磊對著雅各笑著說：「雅各，我也準備了禮物送你喔！你猜猜是什麼？」

「一本書？」雅各歪著腦袋猜測道。

「不對，你已經有這麼多書了，叔叔送你別的東西，再猜猜看！」

「我知道了，是糖果！」雅各十分肯定地說。

「不對，我的禮物跟張叔叔的不一樣哦。」

「……我真的猜不出來。」小雅各有些沮喪地說。

孟磊不忍心再逗他，於是笑著將電動從袋子裡拿出來。

「哇哦！」雅各驚喜地叫了出來，「是電動！」

「你看，我就知道他會喜歡。」孟磊笑著對小張說。

「我可以現在就玩嗎？」雅各抱著電動，迫不及待地問。

「當然可以，電動是你的了。」孟磊拍拍小雅各的頭，親切地說。

「謝謝叔叔！」

不一會兒，雅各就完全沉浸在電動中了。

孟磊注意到客廳的桌上放了許多五顏六色的紙，仔細一看，是一幅幅畫。每張畫的右下角都用希伯來文寫著「雅各的畫」，內容都是《聖經》裡的故事。

「不得了啊，凱薩琳，你們家有個天才小畫家！」

孟磊數了數這些畫，竟然有一百多幅，都可以辦一個小型畫展了！儘管這些作品略顯稚氣，但是看得出很用心，有些人物甚至畫得十分逼真。

「凱薩琳，雅各從什麼時候開始畫畫的呢？」孟磊好奇地問。

「嗯……大約兩歲半吧。」凱薩琳想了想之後回答。

「什麼？兩歲半就開始畫畫了？一直畫到現在？雅各真有耐力，願意堅持下去……」

「當時他還小，不懂得什麼是堅持，不過還是養成了每天畫畫的習慣。」凱薩琳自豪地說完，朝雅各看了一眼，似乎忽然想到了什麼，問道：「寶貝，你今天讀《塔木德》了嗎？」

「讀了，媽媽，我按時讀完了。」

凱薩琳點點頭，說：「那有沒有畫畫啊？」

「還……還沒有。」

「那告訴媽媽，你應該怎麼做？」凱薩琳生氣地板著臉問他。

「我現在就去畫！」雅各說，「孟叔叔，謝謝你的電動，我現在馬上去畫畫，然後再來玩。」

「今天是雅各的生日，玩一玩電動沒關係吧。」孟磊見狀，幫他向媽媽求情。

「不行。」沒想到凱薩琳一口拒絕。

雅各對孟磊說：「《塔木德》上說，『學習要做到持之以恆，千萬不要半途而廢』，我每天都畫畫，今天也不能例外。孟叔叔，如果我不勤奮，就不會有這麼多作品，也不會畫得這麼好。」

看著雅各認真的樣子，孟磊欽佩地對凱薩琳說：「你們真是教育有方啊！」

凱薩琳笑著回答：「讓孩子從小就知道勤奮的意義與重要性，讓孩子持之以恆地學習，才有利於孩子的成長。雅各的繪畫天分一般，但是我相信，他如果能持續畫下去，即使將來當不成畫家，也一定會有所作為！」

猶太智慧教養46

成功不靠天分，而是因為勤奮

每個人都有潛能，但很少有人發現自己的「潛能」。猶太人不僅能夠發現自己的潛能，還找到了發揮潛能的最好方法——勤奮學習。

猶太人一向勤奮好學，因此在歷史上出現了很多享譽國際的偉大人物，愛因斯坦就是其中之一。當他被問起是什麼促使他取得如此輝煌的成就時，愛因斯坦回答：「別人都以為我的成功是由於我的天才，其實是由於我的勤奮。」

猶太父母從小就培養孩子勤奮好學的精神，要孩子學會持之以恆，因為《塔木德》這本書告誡人們：做任何有意義的事，都要持之以恆，千萬不要半途而廢。

一天的學習不是勤奮，是心血來潮；天天學習、長年累月地學習才叫勤奮。可見持之以恆與勤奮有相輔相成的關係，比如，一個人勤奮就能夠抵抗外界的誘惑，專心做自己的事，也就能持之以恆地做一件有意義的事。

每個父母都應該將這種觀念灌輸給孩子，唯有專心致志，才可能邁向成功。

每個人都有潛能，但很少有人發現自己的「潛能」。猶太人不僅能夠發現自己的潛能，還找到了發揮潛能的最好方法——勤奮學習。

營造溫暖和諧的家庭氣氛

——夫妻衝突盡量大事化小，小事化無

父母經常吵架會讓成長期的孩子留下心理上的陰影，長此以往，孩子的性格會變得孤僻、乖戾，不易與人相處，即使長大後不是問題少年，也不利於孩子今後的發展。因此，為了孩子的身心健康，應該極力營造溫馨和諧的家庭氛圍。

「孟磊，你怎麼了？一整個下午都無精打采的。」玻爾走過來關切地問道。

「唉！」孟磊無奈地嘆氣道，「其實也沒什麼……昨天晚上我跟孫莉在電話裡吵了一架，掛上電話之後根本睡不著，唉……」

「為什麼吵架呢？」

「我想讓天天早點上幼稚園，這樣不僅能認識更多小朋友，還能學到很多知識，但是孫莉說什麼也不同意，反而講出一大堆歪理……我越聽越煩，結果吵了起來，她一生氣就把電話掛了，唉……我們為孩子的事爭吵不只一次了，特別是最近，一講電話就吵架，而且天天也不想上幼稚園，真是氣死我了。」

「你們吵架時，天天在旁邊嗎？」玻爾的神色突然變得凝重起來。

「在啊，這個孩子一直哭個不停，唉，煩死了。」

爸爸媽媽，請你們不要吵架……

「唉呀，孟磊，你們吵架，怎麼能讓孩子聽見呢？」一向穩重的玻爾，顯得十分激動。

「這有什麼奇怪的，很多夫妻吵架時，孩子都在旁邊啊。」

「孟磊，我們認識多久了？」玻爾問道。

「快半年了吧，怎麼了？」

「沒錯，半年了。你不但認識我，還認識了我的妻子和孩子們，並且和他們也成為了朋友，是不是？」

孟磊點點頭，還是不太明白玻爾到底想說什麼。

「那你說說看，你曾經看過我和凱薩琳吵架或是爭執嗎？」玻爾繼續問道。

孟磊努力在腦海中搜尋，完全想不起這對夫妻發生過什麼爭執或是不快。「還真的沒有耶！拉比，你和凱薩琳真是一對模範夫妻。」

「我們並不是沒有吵過架，只是你沒有看到罷了。」

「哦，真的？」孟磊有些不敢相信。

玻爾點點頭說：「沒錯，我們和世界上任何一對夫妻一樣，也會有不愉快的時候，也會因為一些雞毛蒜皮的小事大吵。」

孟磊驚訝地看著玻爾，實在想像不到玻爾與凱薩琳吵架會是怎樣的景象。

「有一次，」玻爾接著說，「凱薩琳責怪我因為工作忽略了她和孩子們，我則爭論工作忙並不是我的錯，兩人就吵了起來。當我們越吵越凶的時候，雅各推門進來，我永遠都不會忘記他含淚的雙眼和說過的話，『爸爸，你別和媽媽吵架，媽媽很辛苦的。』我當時就想，一個三歲的孩子都能理解母親的辛苦，我為什麼不能？我們這樣吵下去，會對孩子們的情感造成多大的傷害啊！」

玻爾接著又說：「所以，孟磊，你聽我說，家庭的和睦與幸福才是孩子成長的關鍵啊。自從那次之後，我和凱薩琳就再也沒有在孩子面前吵過架。雖然還是會有一些小小的不愉快，但是我們都懂得要體諒對方。就算一時控制不住情緒爭吵起來，只要看到孩子們走過來，我們就會停止爭吵，絕對不當著孩子們的面吵架。你看現在，我的孩子都很活潑可愛，我可以驕傲地說，這是我與凱薩琳努力維護家庭和諧的功勞！」

孟磊聽完，久久不發一語，突然起身往外跑：「對不起，我要出去一下！」

「去做什麼？」玻爾問。

「打電話給孫莉！」他一邊跑一邊高聲喊道：「向我親愛的老婆大人道歉，嘿嘿……」

「很好！」在他身後，玻爾豎起了大拇指。

猶太智慧教養 47

創造和諧、幸福的家庭環境，是父母的義務和責任

猶太人的《塔木德》記載了一個廣為流傳的故事，講的是一位著名的拉比為了使家庭變得和睦，甘願受人侮辱。可見，一個家庭的和睦對於猶太人來說有多重要。

猶太人所信奉的宗教也提到「婚姻是神聖的」，因為它不僅意味著兩個人長相廝守，夫妻是否和睦也決定了孩子的心理健康與否。

我們經常聽到或看到一些有關「問題青少年」的報導，之所以會發生偏差行為，原因當然很多，但是家庭不和睦是一個重要因素，例如父母爭吵，甚至離異等。心理學家認為，父母經常吵架會讓成長期的孩子留下心理上的陰影。長此以往，孩子的性格會變得孤僻、乖戾，不易與人相處，即使長大後不是問題少年，也不利於孩子今後的發展。

為了孩子的身心健康，我們應該學習猶太人，極力為孩子營造溫馨和諧的家庭氛圍。夫妻之間發生衝突與不快時，盡量大事化小，小事化無。即使有爭執，也不要當著孩子的面。

每個做父母的，千萬不能忘了身為父母的責任——為孩子營造一個和諧、幸福的家庭環境！這既是身為父母的義務，更是父母應該承擔的責任。

千萬不能忘了身為父母的責任——為孩子營造一個和諧、幸福的家庭環境！這既是身為父母的義務，更是父母應該承擔的責任。

進屋脫衣，飯前洗手

——培養孩子的健康意識

為了生活在潔淨的環境中，猶太人可以說是世界上最有力的環境保護者，在教育子女方面，不論是飲食還是個人衛生，猶太家長都會注意培養孩子的健康意識，例如飯前飯後要洗手，如果不洗手，就如同吃了不乾淨的東西一樣，是對自己的健康不負責任的行為。

這天，玻爾接到家裡打來的電話，說雅各有腹瀉的症狀，被幼稚園老師送到醫院。玻爾急忙請假，趕往醫院。

中午休息時，孟磊焦急地打給玻爾，問道：「怎麼樣？小雅各怎麼樣了？醫生怎麼說？」

電話那頭的玻爾笑說：「你怎麼比我還著急？冷靜一下，雅各沒什麼事，醫生說他可能是著涼，現在已經好多了。」

聽到雅各沒事，孟磊鬆了一口氣，「沒事就好。告訴他，我晚上會去看他，沒問題吧？」

「好的，沒問題。他肯定會很高興你來看他！」玻爾說完，交代了一些工作方面的事，就掛斷了電話。

下班後，孟磊匆匆地離開公司，趕往玻爾家。

注重衛生與健康，我是小小養生專家

一進玻爾家，他就急切地問道：「雅各呢？難道今天要住在醫院嗎？」

「不用住院，我先回來，凱薩琳馬上就帶他回來。唉，你怎麼比我這個父親還緊張。」

「可能是雅各和我兒子的年齡相近，所以很多時候就把他當成自己的兒子了。唉，好久沒見到我的寶貝兒子了。」孟磊有些不好意思地說道。

這時候，凱薩琳帶著雅各回來了。孟磊馬上迎上前去，彎下腰想去抱他。

「雅各，叔叔來看你了，來，讓叔叔抱抱。」

沒想到雅各卻退後了幾步，大喊：「孟叔叔，不能抱。」

「啊？為什麼不能抱？」

「孟叔叔，我剛從醫院回來，還沒有換上乾淨的衣服，所以不能讓你抱。」雅各慢條斯理地回答。

「我不介意啊。」

「你不介意，但我介意啊，」雅各嚴肅地說，「媽媽說醫院有很多細菌，所以我不能讓你抱，不然會傳染給你的！」

「哇，你懂得什麼是細菌啊，真聰明！」孟磊笑道，轉頭對站在一旁的玻爾說：「拉比，小雅各沒事就好，我先回去了。」

「怎麼可以？既然來了，就一定要留下來吃飯。」

玻爾把他硬拉回來，坐在沙發上聊了起來。雅各走進房間，不一會兒就換了一身乾淨的衣服出來。

「我以為你在跟叔叔開玩笑，原來是認真的啊！」孟磊看著換了衣服的雅各，驚訝地說。

「當然了，」雅各抬起小腦袋，對孟磊說，「別說是從醫院回來，即使是從幼稚園回家，也要先換上乾淨的衣服，才可以做其他事情！」

孟磊佩服地豎起大拇指，誇獎道：「小雅各真的很注重個人衛生呢。」

桌上有一盤餅乾，孟磊正打算拿一塊來吃，卻被雅各阻止。「等一下！叔叔，你洗手了嗎？」

孟磊一愣，手停在半空中，回答道：「洗了啊，離開公司的時候洗過了。」

「那可不行哦，」雅各像個小大人一樣，告訴孟磊，「從叔叔的公司到我們家，叔叔一定摸過很多東西吧？而且手上也會出汗，很不衛生。平時我和媽媽出去逛一圈回來後，都要先洗手洗臉呢。」

「哇，你懂得好多！」孟磊驚奇地問。

「不只這些，媽媽還告訴過我，飯前飯後一定要洗手，如果不洗手就吃飯的話，是對神的一種不敬。而且有一次我還看到，叔叔因為晚餐好吃，就吃了很多，這也是傷身體的。因為飲食要注意『量』，吃東西應吃胃容量的三分之一，再喝三分之一，剩下三分之一要空著，這樣對胃比較好。叔叔那次吃到胃都撐起來了，很不健康。」

雅各一板一眼地細數孟磊不良的飲食習慣，說得孟磊都不好意思。

「小雅各，你簡直是個養生專家。這些都是誰教你的啊，是今天從醫院裡學到的嗎？」

「才不是呢！這是媽媽爸爸平時告訴我的。」雅各不服氣地說。「還有，今天在醫院裡，醫生叔叔問我是不是吃了什麼不乾淨的東西，哼，真氣人，我才不會吃不衛生的東西呢，只是因為我昨天晚上睡覺沒有蓋好被子。」

猶太智慧教養48

隨時保持乾淨，對自己的健康負責

看到一個四歲的孩子這麼愛乾淨、懂得健康的重要性，孟磊既汗顏又欽佩。他也想到了兒子天天，現在正是愛玩愛跑的年紀，平時出去一趟不知道會接觸多少細菌，孫莉知道要教他勤洗手洗臉、注意個人衛生嗎？越想越擔心，他以最快的速度在玻爾家吃完飯後，就告辭奔回公寓，寫了關於健康和衛生的「長篇大論」給孫莉。這一切當然都是為了孩子！

猶太人是一個十分注重健康、衛生的民族。《塔木德》有明文規定：「禁止生活在一個沒有綠色花園的城市裡。」此外，保持身體的潔淨也被猶太人視為是一種宗教責任。

為了生活在潔淨的環境中，猶太人可以說是世界上最有力的環境保護者，在教育子女方面，不論是飲食還是個人衛生，猶太家長都會注意培養孩子的健康意識，例如飯前飯後要洗手，如果不洗手，就如同吃了不乾淨的東西一樣，是對自己的健康不負責任的行為。

乾淨的環境有利於孩子的健康成長，因此，讓孩子從小就懂得健康、衛生、整潔的相關常識，是十分重要、也是十分必要的。如果你是聰明父母的話，那麼就在孩子小時候，讓他們懂得健康、衛生、整潔的相關常識吧！

PART 6

傳統vs.未來

── 尊重傳統、學會反省的孩子，才能積極面對未來

許多父母都明白「身教重於言教」的道理，而猶太人更是習慣讓孩子接受無言的教育。與孩子相處時，他們不會直接說教，搬出許多大道理，而是利用一些宗教節日，對孩子進行傳統教育，例如他們會在新年時要求孩子反省自己的過錯，贖罪日時讓孩子瞭解民族的苦難。這種獨具特色的教育方式，值得我們學習。

莊重肅穆的猶太新年
——讓孩子學會反省過去

猶太人過新年時，父母會帶著孩子去河邊或水邊，讓孩子朝流動的水中拋扔石頭或麵包屑之類的東西，代表拋掉一年來的罪過和罪孽的東西隨波逐流。讓孩子從小學會時刻檢討自己的過去，悔過自新，開始嶄新的生活。

「孟磊，過幾天是我們猶太人的新年，你和小張一定要來哦！」

孟磊剛回到公寓，就接到玻爾打來的電話。

「啊，新年？距離元旦還很久啊！」孟磊奇怪地問道。

「猶太人過新年的日子是按照希伯來曆計算，每年都不同。過新年可是一件大事，你們一定要來啊！」

「好的，放心，我們一定去！」

到了那天，下班後孟磊和小張就直奔玻爾家。孟磊原本以為，不管是哪個民族、哪個國家，過年的氣氛應該大致相同——張燈結綵，歡歡喜喜。可是這次與玻爾家一起度過猶太新年，卻發現他們家的過年氣氛很特別，沒有想像中的歡樂氛圍，反而多了一份莊重肅穆，少了一份歡鬧嬉戲。

「孩子們，你們看孟叔叔帶什麼來了？」孟磊一進門，就對雅各和雙胞胎兄弟大聲說，「是蛋糕喔！」

但是孩子們不像平時那樣興高采烈地圍住他，而是很客氣地齊聲說：「對不起，孟叔叔，我們現在還不能吃。」

好好回想做過的事、說過的話

「為什麼？」孟磊驚訝地問。

「因為今天是新年。」雅各神色鄭重地說道。

「新年才應該吃好東西啊！」

孟磊一邊說著，一邊將蛋糕盒子遞到雅各面前，本以為他會很高興，沒想到他卻向後退了一步，很嚴肅地搖搖頭。

「這是怎麼回事？」他疑惑地抬起頭，見凱薩琳就站在一旁，便向她問道：「孩子們怎麼了？」

凱薩琳笑著解釋：「我們猶太人過新年時的第一件事，不是大吃大喝，而是檢討自己去年犯下的錯誤。我和玻爾剛才就在教他們，如何檢討自己日常生活中的錯誤言行，等一下會帶他們出去反省，讓流動的水帶走這一年的罪孽，祈禱來年的幸福生活。」

「哦，原來是這樣……」

孟磊若有所悟地點點頭，有些不好意思地把蛋糕藏在身後，都怪他沒有提前瞭解猶太新年的習俗，差點就鬧笑話了。趁玻爾一家在收拾東西時，小張好好幫他上了一課，他才知道猶太人過新年有很多特別的風俗，例如不能吃花生、核桃這類堅果，因為這些東西與希伯來語中的罪過有關。據說如果吃了這些東西，就等於吞下了罪過，新的一年裡會犯更多的罪，是很不吉利的。

「啊，原來是這樣，怪不得剛才你叫我不要買堅果蛋糕，如果讓玻爾一家吃下去，後果真是不敢想像。」

「是啊！幸好我昨天上網查了猶太人的新年習俗，不然我們今天就糗大了！」

不一會兒，一行人出了門，向街上走去。孟磊和小張發現，街上已經聚集了很多人，而且都往同一個方向走。

「大家要去哪兒？」小張驚訝地問。

「去河邊，最好是有魚的河邊，檢討這一年來的過錯，再把這些過錯扔到河裡，把心中的罪孽扔進河中，隨水一塊流走。」玻爾熱情地回答。

「爸爸，什麼是檢討？」玻爾的小女兒瑪麗亞不解地問。

「檢討啊，就是……」玻爾認真地想了一下，才緩緩地說：「檢討就是要回想這一年來你做過的事、說過的話，然後找出不妥當或是做錯了的地方。現在呢，妳要好好想，等妳想好了，等一下我們到了河邊，妳就把以前做過的錯事都放進石頭，然後『啪』地用力把它們丟出去，怎麼樣？」

「好，想錯誤……丟出去……」

瑪麗亞緊皺眉頭，甩著小手，像是在努力思考這一年來的錯誤。

跟隨人群前行，大家終於來到河邊。河邊簡直是人山人海，所有人都一臉嚴肅地祈禱，不時向流動的河水扔石頭，嘴裡念念有詞。孟磊和小張置身其中，感慨萬千，不由自主模仿起他們的樣子，開始檢討自己這一年來所犯的過錯……

猶太新年過後六、七天，孟磊有一通陌生來電，他猶豫了一會兒才接起電話，聽到一個令他萬分熟悉的聲音。

「孟磊，是我！猜猜我現在在哪裡？」

「孫莉？」他驚訝地大喊。

電話那頭又傳來一個稚嫩的聲音：「爸爸，還有我，我和媽媽來看你了。」

「天天……」孟磊以為看錯號碼了，再檢查一次，沒錯啊，是以色列當地的電話，「你……你們……在以色列？」

「是啊……我們在以色列，哈哈……」孫莉興奮的聲音從電話那頭傳來，「維茲和安妮要回國，我就一起跟了過來，想給你一個驚喜，所以沒有提前跟你打聲招呼。」

「妳啊……」孟磊驚喜又無奈，對著電話說：「你們現在在哪裡？我去接你們。」

誰知孫莉卻說：「不行，我要和安妮一起過贖罪日，贖罪日一過，我再和天天去找你。就這樣了，拜拜。」

「爸爸拜拜……」

檢討過去的錯誤，展開全新的生活

「啊？喂……孫莉……天天？喂？」孟磊對著電話大喊，卻沒有回應了。

掛斷電話，孟磊有些恍惚，若不是手機裡的來電記錄顯示剛才的通話是真實的，他還以為自己是思鄉過度了呢！

不過，老婆也太過分了，都已經到了以色列，竟然不先來見他，而是忙著參加贖罪日，這真是……他欲哭無淚，真想馬上就見到妻兒，享受久違的天倫之樂。

猶太新年，指的是猶太曆七月一日、二日這兩天，每到這個時候，猶太父母就會帶著孩子去河邊或水邊，讓孩子朝流動的水中拋扔石頭或麵包屑之類的東西，讓這些代表著一年來的罪過和罪孽的東西隨波逐流，澈底拋棄。

猶太父母從小就會讓孩子接觸這樣的活動，讓孩子邊看邊學，從小學會時刻檢討自己的過去，拋棄罪孽，與過去的自己說再見，悔過自新，開始嶄新的生活。

利用贖罪日，促進親子交流

在猶太民族的贖罪日裡，無論大人還是小孩，都可以利用這個機會對別人說抱歉或希望別人向自己道歉，這是家長和孩子交流溝通、瞭解彼此心意的好時機。透過這樣的方式，不僅讓孩子反省自己，家長也重新審視了自己以往的行為。

孫莉跟隨安妮一家人到以色列，雖然沒有趕上猶太人的新年，卻參加了更重要的贖罪日。這天早上一起來，她就看見維茲、安妮和孩子們忙碌地準備著，於是好奇地問：「安妮，你們在忙什麼？怎麼晾了這麼多白色衣服？這是要做什麼用的？」

安妮放下手邊的事，正準備向孫莉解釋時，調皮的約瑟夫跑過來認真地說：「阿姨，妳想知道我們在做什麼嗎？讓我來告訴妳吧！」

「是啊，快告訴阿姨，你們在忙什麼！」

「我們在為贖罪日做準備。這些衣服是我們和鄰居的爺爺奶奶們在贖罪日那一天，要穿這樣的衣服在一起懺悔，反省自己……」

媽媽，我要向妳道歉

約瑟夫滔滔不絕，講了許多關於贖罪日的細節。

孫莉感到非常驚訝，約瑟夫小小年紀，竟然對自己國家的傳統節日瞭解得如此清楚。她張大眼睛對安妮說：「天哪，約瑟夫不是一直生活在國外嗎？他怎麼知道得這麼清楚，難道你們平常都一直講給他聽？」

安妮笑道：「講是講過，但是也沒講得這麼詳細。不過，贖罪日是我們猶太人的重要節日，約瑟夫應該是從書上看來的。到時妳親自去體驗一下，絕對會有不少收穫，而且，會對教育孩子更有幫助。」

贖罪日這天，孫莉帶著兒子和安妮母子一起去鎮上的教堂做禮拜。她按照安妮事先提醒的，沒有穿皮鞋，沒有噴香水、抹香膏，大家一路步行，走到了教堂。教堂裡的氣氛莊嚴肅穆，裡面已經有很多人在祈禱，幾乎所有人都帶著孩子。他們悄聲地走了進去，在一條長椅坐下來，開始認真地祈禱。

其實孫莉並不知道要祈禱什麼，腦子裡有點混亂，但她和孩子仍然安靜地坐著。期間，她聽到蓋圖和約瑟夫在默念著什麼，可是一句也沒有聽懂。

禮拜結束後，孫莉小聲問蓋圖：「蓋圖，你和弟弟剛才都在祈禱些什麼，阿姨怎麼一句也聽不懂？」

「剛才我們在反省自己這一年的罪過，請求上帝的諒解和寬恕，而且保證要勇敢改正錯誤，以後不再犯同樣的過失。」約瑟夫低聲對孫莉說。

從教堂裡出來後，蓋圖和約瑟夫突然快速走到前面，兩人並肩站好面對著孫莉和安妮，異口同聲地說：「媽媽，孫阿姨，這一年我們做了不少錯事，給妳們添了很多麻煩，請妳們原諒，以後我們一定會改正錯誤，少惹妳們生氣的！」

孫莉聽了，既驚訝又感動地說：「這兩個孩子怎麼了？竟然向我們道歉？還真有點不好意思呢。」

安妮一邊坦然地接受孩子們的道歉，一邊對孫莉說：「這就是贖罪日的意義，對我們猶太人教育孩子非常有幫助。」安妮又轉過頭對孩子們說：「孩子，你們很懂事，希望你們說到做到。不過，媽媽也有許多做得不好的地方，請你們諒解，以後我也會更努力做個好媽媽，認真盡到我的責任。孩子們，我們一起努力好嗎？」

蓋圖和約瑟夫上前抱住安妮說：「好的，媽媽，我們一起努力，加油！」

孫莉恍然大悟地說：「我瞭解贖罪日的真正意義了，難怪蓋圖和約瑟夫都那麼懂事、那麼討人喜歡！我真是受益匪淺。回去我一定要好好跟孟磊商量，雖然我們國家沒有贖罪日，也沒有特定的信仰，但是仍要想辦法讓我們的孩子也從小學會自我反省、自我修正。我們還要和孩子一起懺悔，在懺悔中昇華自我。妳說我這個主意怎麼樣？」

「我支持妳！」

安妮握拳，做了個「加油」的手勢，蓋圖和約瑟夫也同聲附和。孫莉環視周圍，似乎每個人都在向身邊的人道歉，並深刻地反省自己。最讓人感動的是孩子和父母之間的互動，讓人感受到濃濃的親情。

贖罪日真的如安妮所說，讓人收穫多多，並且有利於孩子的成長。孫莉突然靈機一動：不如制定一個「反省日」吧，以後每個月都在家裡舉行一次類似的活動，用來教育兒子。

猶太智慧教養 50

虛心歸納過去，積極規畫未來

猶太新年後的第十天是贖罪日。

在這一天，猶太父母會帶著孩子一起誦經懺悔，和孩子一起反省，祈求上帝原諒他們的過失。藉由這個傳統節日，讓孩子領悟到自我反省、自我修正的重要性和作用，對孩子的一生發揮積極正面的影響。

在猶太民族的贖罪日裡，無論大人還是小孩，都可以利用這個機會對別人說抱歉或希望別人向自己道歉，這是家長和孩子交流溝通、瞭解彼此心意的好時機。透過這種方式，讓孩子反省自己，家長也重新審視自己以往的行為，彼此都在這樣的反思中「歸納過去，規畫未來」。

另外，在贖罪日裡，政府有很多嚴格的規定，例如不能進行各種娛樂活動，不能洗東西、穿皮鞋，不准開車等。

猶太家長們必須引導孩子遵守這些規定，讓孩子從小就學會守規矩。這樣一來，孩子就會逐漸清楚自己該做什麼、不該做什麼，也能學會在生活中時刻反省自己，並勇於改正錯誤。

在猶太民族的贖罪日裡，無論大人還是小孩，都可以利用這個機會對別人說抱歉或希望別人向自己道歉。透過這種方式，讓孩子反省自己，家長也重新審視自己以往的行為。

什麼也不做的安息日
——讓孩子多接觸大自然

安息日是猶太人十分重要的節日，旨在讓工作了一星期的人們好好休息，消除工作的疲憊，將身體和心理調整到最佳狀態。在猶太家庭中，安息日這天，父母除了能得到充分休息外，還會考慮孩子的感受，盡可能地帶著孩子去親近自然，讓孩子感受大自然的美麗。

剛過完贖罪日，猶太人又迎來了安息日。

這天，孟磊趕到安妮家，來找孫莉和兒子天天。

孟磊雖然到以色列不久，但是已經度過了很多個安息日，他告訴孫莉：「簡單地說，安息日就是休息日，人們都要停止工作，好好休息。在這一天，人們不上班，商店都會關門，也不能看電視、用電腦。猶太人會利用這一天走訪親友，或是在家裡安靜地讀書、休息，不做其他的事情，包括做飯。」

週五太陽下山之前，安妮就準備了很多食物，這不僅是晚餐，也包括隔天三餐。她還準備了蠟燭，在太陽還沒完全落下時就點燃了。

看書、聊天，帶孩子們感受大自然的美好

「為什麼要點蠟燭？不是有電燈嗎？」孫莉疑惑地問。

「不能開燈！」安妮搖搖頭說，「從太陽下山開始，我們什麼事都不能做，開燈、關燈也是禁止的，更別說看電視等娛樂活動。」

「明天是不是也不能出門？」孫莉驚訝地問。

「還是可以出門，」安妮笑著回答，「如果想走訪親友，是允許的，但我們通常喜歡待在家，與家人一起聊聊開心的事，如果有朋友來訪，大家也是聊聊天，不做其他事情。」

猶太人的安息日，從週五太陽下山時算起，週六太陽下山前結束。孫莉他們在安妮家吃過晚飯後，陪著孩子們看書，愜意地享受靜謐的時光。孟磊和維茲討論起《塔木德》裡的幾個小故事，探討其中的智慧。這樣的日子大家都不想、也不談工作，特別輕鬆、快樂。

第二天一大早，安妮帶著孩子們去教堂祈禱。下午回來的時候，她對孟磊和孫莉說：「你們不用整天都悶在屋子裡，可以出去呼吸一下新鮮空氣。」

「咦？不是要好好休息嗎？」孫莉不解地問。

「妳啊……真是死腦筋！」孟磊戳著她的腦袋笑道，「休息，並不一定是指窩在家裡啊，而是要讓身體放鬆。最好的放鬆，是身心都得到放鬆，例如享受一下大自然的風光，讓精神與身體都得到充分的休息。」

「這樣也可以嗎？」她疑惑地看向安妮。

安妮笑著點頭說：「是的。我經常在安息日時，抽出半天時間帶孩子們出去玩，感受一下大自然的美好。」

「那我們一起出去吧！」

「好啊！我們就去附近走走吧！」安妮提議道。

大家邊走邊聊，不一會兒就到一處風景秀麗的土丘，大家坐著享受清風拂面的舒暢感。

看著不遠處的樹木和房屋，約瑟夫問蓋圖：「哥哥，我們來教天天用土做小房子好嗎？」

「好啊。天天，來吧。」

三個孩子興高采烈地開始蓋房子，不一會兒，土堆上就出現一個個生動的小房子和小樹。

「媽媽，快看，房子好漂亮啊！」天天向孫莉喊道。

「蓋圖和約瑟夫真厲害，真是小小藝術家。」孫莉看到房子後驚訝不已，轉頭問安妮：「安妮，這是妳教他們的嗎？」

安妮搖頭笑道：「這是他們自己看手工書，再思考要怎麼做，時間久了，自然就會了。」

「哇，簡直就是天才嘛！」

「才不是什麼天才呢！其實，這多少與安息日有關。因為以前每個安息日時，我都會帶孩子遠離城市，去接觸大自然。在大自然中，孩子們可以隨心所欲地玩遊戲、認識花草，有時也玩玩泥巴。所謂熟能生巧，時間一長，對於這些遊戲或手工製品，自然而然就能信手拈來。帶孩子出來玩，他們不僅能學到很多東西，也會變得越來越開朗活潑，妳看孩子多高興啊！」

猶太智慧教養 51

最好的放鬆，是身心都獲得充分休息

「是啊！」孫莉一邊說，一邊看著孩子們燦爛的笑臉。

「所以，妳以後也可以讓天天多多接觸大自然，學習大自然中的各種知識。」

孫莉點了點頭，馬上就和孟磊商量，每週要抽出一天或半天帶孩子去公園玩，讓孩子充分休息，享受大自然帶來的愉悅。

安息日是猶太人十分重要的節日，旨在讓工作了一星期的人們好好休息，消除工作的疲憊，將身體和心理調整到最佳狀態。

在猶太家庭中，安息日這天，父母除了能得到充分休息外，還會考慮孩子的感受，盡可能地帶著孩子去親近自然，讓孩子感受大自然的美麗。

在寧靜的自然環境中自由玩耍，釋放一個星期以來的學習壓力。這不僅能讓孩子的身體和精神得以放鬆，盡情享受愉快的休息時光，還能讓孩子有好的心情面對新的一週。

在寧靜的自然環境中自由玩耍，釋放學習壓力。這不僅能讓孩子的身體和精神得以放鬆，盡情享受愉快的休息時光，還能讓孩子有好的心情面對新的一週。

星空下的住棚節——讓孩子學會吃苦耐勞

在住棚節時，以色列家家戶戶都會在自家的草坪或陽台上搭棚露宿，雖然住在棚屋裡很辛苦，但是猶太父母堅持要讓孩子一起體驗，以這種方式讓孩子銘記先祖們昔日的苦寒經歷。對於猶太人來說，這是對孩子進行歷史教育的絕佳機會。

為了方便照顧，孟磊決定租一間房子，最後選了一個距離公司與安妮家都不太遠的地方。這樣一來，不管是孟磊平時上班或是孫莉要去安妮家玩，都比較方便。

沒多久，住棚節到了，這是猶太人另一個重要的節日。孫莉很高興，才剛來以色列，就接二連三遇到各種節日。住棚節是什麼樣的節日呢？她真想好好感受一下。

住棚節開始的第一天，安妮親自上門來邀請孫莉去她家過節。

「安妮，住棚節是不是要住帳棚？」

「是啊，當然要住帳棚！」

「太好了，我還沒有住過帳棚呢！要去哪裡住呢？」

「住棚節雖然要住帳棚，但是因為我們家沒有寬敞的草坪，去離家較遠的地方又不方便，所以我們會在自家露天陽台搭棚子，效果是一樣的，現在很多家庭都是這樣做。怎麼樣，孫莉，有沒有興趣去體驗一下呢？」

永遠銘記祖先的奮鬥史

「有，當然有興趣！」孫莉激動地回答，「自從我知道有這個節日後，就一直等著妳開口邀請呢，哈哈……」

不過她有些擔心自己的寶貝兒子，這麼小的年紀住帳棚，會不會有什麼問題，萬一生病了怎麼辦？

於是她問安妮：「那個……天天就不用去了吧？」

「這可不行，一定要帶孩子。妳放心，我知道妳在擔心什麼，我都安排好了，而且孩子從小適應住帳棚是很有好處的。我們這裡的小孩都會住帳棚，只要我們注意，照顧好孩子就行了，不信妳問問約瑟夫。」

還沒等孫莉開口，約瑟夫馬上就回答：「阿姨，我和哥哥會照顧好小天天的，妳放心吧！」

孫莉點了點頭，既然蓋圖和約瑟夫小時候都能吃這種苦，她的孩子也不能示弱。

「妳快打電話通知孟磊，請他下班後直接來我們家。」

「好！」

來到安妮家，孫莉就看到露台上已經搭了兩個不小的棚子，正好夠兩家人睡。兩個棚子都被安妮母子裝飾得很漂亮，但她同時發現一件奇怪的事，兩個棚子都沒有頂，上面蓋滿了棕櫚樹的枝葉，枝葉間有很多縫隙。

孫莉很好奇地問：「為什麼棚子沒有頂呢？」

「阿姨，妳不喜歡看到夜空中的星星嗎？」站在一旁的蓋圖反問。

「當然喜歡啊，星空很美。但是這跟棚子有什麼關係呢？」孫莉十分納悶地問蓋圖。

「有啊。棚子沒有頂，枝葉間有很多縫隙，我們晚上躺下來時，就可以透過縫隙看到美麗的星空呀！對嗎，阿姨？」

孫莉點點頭，蓋圖繼續說：「不過，我們這樣搭棚子，不光是為了看星空。在古代，我們的祖先離開埃及後，在曠野中漂流了幾十年，一直住在很簡陋的棚屋裡，像這樣的棚子就是他們的臨時住所。他們生活得很艱難，經歷了很多苦難，所以我們現在才在住棚節搭帳棚紀念他們。儘管我們現在的生活很美好，但是不能忘記先祖們經歷的艱苦往事，不然我們會沉淪、墮落的。」

聽完蓋圖的話，孫莉才明白猶太人為什麼要過住棚節。讓孫莉吃驚的是，僅僅十歲的蓋圖不僅瞭解這麼多歷史，還對歷史有這麼多的感悟，並能「以史為鑑」，可見住棚節在猶太人眼中是多麼神聖而重要。

晚上，大家躺在棚子裡，一邊欣賞星空一邊聊天，很快就入睡了。

但是孫莉一家半夜就醒來了，孟磊和孫莉都感覺腰痠背痛，小天天也嚷著：「爸爸媽媽，我們去睡床上吧，這裡好硬，我不喜歡，好冷！」

雖然孫莉和孟磊也睡得不舒服，但是他們尊重猶太人的傳統，再說原本就是他們心甘情願來體驗棚居生活的。但是小天天一個勁地鬧，任憑孟磊和孫莉再怎麼哄也沒用，還把安妮和蓋圖也吵醒了。

蓋圖抱住小天天說：「弟弟別害怕，睡這裡很好喔，爸爸媽媽會緊緊抱住你，給你溫暖，你睡在他們的懷裡，就不會覺得地板硬了。哥哥以前就是這樣睡的。小天天，你希望爸爸媽媽抱著你睡，還是一個人睡在小床上呢？」

「我要爸爸媽媽抱，我要在這裡睡！」小天天想了一會兒，對蓋圖說。

總算度過了住棚節的第一個夜晚，隔天早晨，孫莉幫安妮準備早餐。

「感覺怎麼樣啊？」安妮調侃地問。

「說實話，我覺得住棚很辛苦，我們大人都很難受了，更別說孩子。蓋圖和約瑟夫從小是怎麼適應的呢？而且他還會照顧天天，勸天天乖乖睡覺，太不可思議了！」

「妳說得沒錯，住棚的確很辛苦，而住棚節就是讓我們體驗祖先的辛苦。就像蓋圖說的，我們的祖先幾十年都漂泊在外，住在簡陋的帳棚裡，他們所經歷的苦難是我們無法想像的，所以我們今天才以這種方式紀念他們。」

「讓孩子從小住棚，就是希望他們牢記那段苦難的歷史，去體驗這種艱苦的生活，同時也學會吃苦，將來長大了，就不會覺得生活有多艱難，不容易被苦難壓倒。」

「難怪蓋圖那麼懂事，好像什麼苦都能吃，一點也不像個十歲小孩。」孫莉由衷地稱讚。

安妮不好意思地笑了起來，但還是點點頭說道：「的確如此。你們的祖先也是歷經苦難才建立了新的社會，所以，不論是華人或猶太人，讓孩子銘記民族苦難史、學會吃苦耐勞，對他們的成長都很有幫助。因此，讓小天天體驗一下艱苦的住棚生活，對他將來的生活會有好處的。」

猶太智慧教養 52

從小體驗苦難，長大就不會被艱苦壓倒

「我想，只要住個幾天，小天天就會慢慢適應的，也會懂得吃苦很重要。」

「妳這樣想就對了。聽說很多華人孩子，由於父母的嬌生慣養，不太能吃苦。妳一定要記住，讓孩子吃苦不是壞事，只要有讓孩子吃苦的機會，一定不能錯過！」

「嗯，知道了！」

贖罪日後第五天，是猶太人為期一週的住棚節。這個節日是為了紀念以色列先祖帶領猶太人出埃及，在西奈半島的荒漠中艱苦漂流四十年的苦難往事。

在這段時間，以色列家家戶戶都會在自家的草坪或陽台上搭棚露宿，或是到鄉下、田間的茅草棚居住。

住在棚屋裡很辛苦，但是猶太父母堅持要帶著孩子一起體驗，以這種方式來引導孩子思憶民族苦難，讓孩子銘記先祖們昔日的苦寒經歷。對於猶太人來說，這是對孩子進行歷史教育與吃苦教育的一個好機會。

同時，猶太家長不會強迫孩子住棚，而是用溫和的態度積極引導孩子，讓孩子心甘情願地體驗棚居生活，大多數的孩子也會聽從父母教導，很高興地住進帳棚。由於猶太孩子從小學會吃苦、不怕吃苦，因此這些孩子長大後，多能吃苦耐勞，適應各種艱苦的環境，比較容易獲得成功，實現自己的價值。

不論是華人或猶太人，讓孩子銘記民族苦難史、學會吃苦耐勞，對他們的成長都很有幫助。這些孩子長大後，多半能適應各種艱苦的環境，實現自己的價值。

全家團圓的逾越節

——教育孩子，要為了美好的生活而努力奮鬥

逾越節是為了紀念、慶祝猶太人出埃及，擺脫奴隸命運、獲得自由而設立的節日。在猶太家庭中，逾越節對於孩子們具有極其重要的教育意義，因為猶太家庭的長輩們會巧妙地利用這個節日，讓孩子多瞭解民族的相關歷史。

「逾越節……逾越節是什麼節日呢？」

這天晚上，孟磊在看電視的時候，聽到孫莉在旁邊不停地喃喃自語。

「妳從哪裡聽說這個節日的？會不會聽錯了？」

他覺得這個節日聽起來怪怪的，一點也不像一個節日的名字，懷疑孫莉是不是聽錯了。

「不可能聽錯，是玻爾親口告訴我的。到底是怎麼一個節日呢？」

孟磊想想，突然笑了起來，得意地說：「妳去問問安妮不就知道了，說不定她還會邀請妳一起過逾越節呢！」

「對啊，我怎麼沒想到！明天我就去問安妮。」說完就開心地去哄孩子睡覺了。

每年都要重複一次的問與答

第二天吃過午飯，孫莉帶著天天前往安妮家，一進門就問：「安妮，逾越節到底是什麼樣的節日？是怎麼過的呢？」

安妮想了想，說道：「關於逾越節啊，與其我說給妳聽，不如妳親自感受一下。這樣吧，明天我和孩子們『製造』一個逾越節，準備一次晚宴，怎麼樣？」

「嗯？真的可以嗎？會不會太麻煩你們了？」孫莉擔心太麻煩安妮，有些猶豫起來。

「不會，不會，正好這兩天孩子們說想要吃逾越節的無酵餅，我多做一些，趁機讓他們解解饞。」

「那逾越節到底是怎麼來的？明天我需不需要準備什麼東西？」

「逾越節的來歷，妳只能在明天的晚宴上聽到，這是我們的傳統，也是一個規矩。妳只要帶著天天來參加就行了，不用準備任何東西。」

第二天，孫莉依約來到安妮家。為了讓逾越節的氣氛更熱鬧，安妮也邀請了一些親戚，因為逾越節對他們來說意味著一家團圓，越熱鬧越好。

這頓晚宴可不簡單，有很多程序，每一道程序都有嚴格的規定，所以孫莉特別謹慎，唯恐自己做出不合適的舉動，冒犯了長輩。

吃到一半的時候，安妮對蓋圖說：「現在可以開始了。」

蓋圖便問安妮：「媽媽，今晚與其他夜晚有什麼不同啊？」

安妮回答：「今晚風更清，月更圓，生活更美好！」

接下來，蓋圖又陸續問其他長輩一些問題，包括「為什麼要吃無酵餅」、「為什麼要過逾越節」等等。

聽完長輩們的回答，孫莉總算明白，原來逾越節也和猶太人出埃及的歷史有關。以色列人曾經生活在古埃及一帶，漸漸淪為埃及人的奴隸。後來，在埃及法老宮中長大的猶太人摩西發現了自己的真正身分，決定帶領猶太人逃離埃及，擺脫奴隸生活，為整個猶太民族爭取自由。最後，在上帝的協助下，他們成功逃離了埃及。經過了長達四十年的漂泊，猶太人終於征服以色列這塊土地，成為這裡的主人，獲得真正屬於他們的自由。

讓孫莉感到奇怪的是，蓋圖已經這麼大了，每年都過逾越節，怎麼今天才在問逾越節的由來呢？

她終於忍不住開口問安妮：「蓋圖知道那麼多歷史事件，瞭解那麼多傳統文化，怎麼會不知道逾越節呢？」

聽到這個問題，蓋圖和安妮都笑了，然後安妮認真地對孫莉說：「其實，這都是我們故意安排的。因為這是逾越節的傳統，每年都會透過這樣的問與答，讓孩子們瞭解先輩們的苦難，讓他們記住今天的自由生活來之不易，要好好珍惜。所以，逾越節晚宴上的問答是必須的，也極為神聖，不僅可以讓孩子多瞭解歷史，也可以激勵他們為了美好的生活而努力奮鬥。」

「原來如此。安妮，真謝謝妳，今天的晚宴不僅讓我大開眼界，還學到最新的教育方法。我想，以後我也應該這樣教育天天，讓他銘記歷史。」

猶太智慧教養53

珍惜現在的生活，爭取未來的幸福

逾越節是為了紀念、慶祝猶太人出埃及，擺脫奴隸命運、獲得自由而設立的節日。在猶太家庭中，逾越節對於孩子們有極其重要的教育意義，因為猶太家庭的長輩們會巧妙地利用這個節日，讓孩子多瞭解民族的相關歷史。在猶太家庭的逾越節晚宴上，長輩會要求孩子多問一些關於逾越節的問題，他們會耐心地一一作答。

每年逾越節都有這樣的安排，是因為長輩們要透過不斷地重複，讓孩子銘記那段民族苦難史，讓孩子時刻牢記今天的幸福生活來之不易，是先輩們努力爭取、不斷奮鬥而來的，這樣一來，孩子就會好好珍惜現在的生活，並在將來努力爭取屬於自己的自由與幸福。

另外，逾越節晚宴有嚴格的程序規定，這也是猶太人教育孩子遵守秩序、嚴守規矩的重要方式之一。

讓孩子們瞭解先輩們的苦難，是必須的，不僅可以讓孩子多瞭解歷史，也可以激勵他們為了美好的生活而努力奮鬥。

慶祝豐收的五旬節

——讓孩子學習感恩、樂於分享

五旬節是猶太人慶祝豐收的日子，更是讓孩子接受收穫與感恩薰陶的日子。父母會帶著孩子一起祈禱，讓孩子明白好的收成來之不易，是受到上帝的眷顧和他人的幫助，漸漸學會感恩，不僅感謝上帝，也感謝周圍親朋好友給予的幫助。

知道了逾越節這麼有趣的節日之後，孫莉對於猶太人的節日越來越關注。這天，她找到一本講述五旬節的書，得知這是慶祝豐收的節日，不由得想起五穀豐登的場景。可惜現在離五旬節還有很長一段時間，無法親身體會一番。

第二天一大早，孫莉帶著天天去安妮家，一進門就發現安妮和維茲在收拾東西，似乎正準備外出。

「你們要出門嗎？」

「我們要回鄉下幾天，收好東西之後，下午出發。」安妮說完，像是突然想到什麼，問她：「對了，妳要不要跟我們一起回去？那裡有一個很大的農場，有不少好玩的東西呢。」

孫莉猶豫了一下，最後興奮地點點頭，「好，我去，一定要等我啊。」

回到住處收拾了一些衣物，打電話和孟磊說了一聲，孫莉便跟著維茲一家人前往他們鄉下的農場。

把蔬果分送鄰居，教孩子學會分享，懷著感恩的心

「太好了，雖然不能過五旬節，但是能在一望無際的田野上走走，也是一件不錯的事情，哈哈……」坐在車上，孫莉忍不住感嘆道。

安妮高興地問：「妳知道五旬節？」

「嗯，在書上看到的，是你們慶祝豐收的節日，對嗎？」

「對，孩子們還會把收穫的蔬菜水果分給鄰居。我們會在五旬節教導孩子學會分享，時刻懷著一顆感恩的心，與大家分享收穫的喜悅。」

「原來五旬節有這樣的教育意義啊。」

孫莉心想，猶太人真是用心，絲毫不放過任何教育孩子的機會。

車子開了兩、三個小時後，終於抵達農場。一下車，安妮就把帶回來的東西分給蓋圖和約瑟夫，請他們去送給一些孤寡老人或是經濟狀況不太好的鄰居。

孫莉好奇地問：「今天又不是五旬節，怎麼也要送東西？」

安妮還沒說話，蓋圖就搶先回答：「因為我們要學會分享啊！這是爸爸媽媽教我們的。」

安妮接著說：「在五旬節這天，與周圍的朋友、親人分享收穫的果實，是我們很重要的傳統，每個人都必須遵從，否則會受到上帝的懲罰。久而久之，孩子們都養成了分享的習慣。」

「沒錯，我很喜歡和大家分享這些食物。」

蓋圖高興地說完，就拎起食物跑向了鄰居家。

孫莉看著他跑遠後，又想到一個問題，「安妮，五句節除了要分享豐收的食物之外，還有什麼需要注意的嗎？例如有什麼儀式或是禁忌？」

「五句節當天，吃晚飯之前我們要進行祈禱，一方面表達對上帝的感謝，讓我們有了好收成，另一方面是祈求來年也能豐收。」

「原來五句節也是『感恩節』啊，今天我又長了不少見識呢！我真希望能參加一次五句節活動，讓孩子瞭解一下什麼是分享和感恩，知道如何與別人分享與感恩。讓他置身於這樣的活動，耳濡目染，一定比我說些大道理更有效果！」

說說笑笑間，她們已經打掃好了房間，之後又以最快的速度做好晚飯。吃過晚飯後，大家圍坐在一起看電視聊天，聽安妮講一些五句節時發生的有趣故事，度過一個愜意的夜晚。

猶太智慧教養 54

感謝別人的幫助，分享自己的收穫

猶太人的五句節在逾越節首日後的第四十九天，因正好趕上小麥、水果等收穫的日子，所以是猶太人慶祝豐收的日子。

在這一天，為了慶祝豐收，每一個猶太家庭都會準備豐盛的節日飯，一家人一起快樂地分享豐收的喜悅。

對於猶太人來說，五旬節更是讓孩子接受收穫與感恩薰陶的日子。這一天的節日飯開始前，父母會帶著孩子一起祈禱，表達他們對於好收成的感恩，並且祈求日後也能豐收。

在這個過程中，孩子會明白好的收成來之不易，是受到了上帝的眷顧和他人的幫助，漸漸學會感恩，不僅感謝上帝，也感謝周圍親朋好友給予的幫助。

另外，在慶祝收成的同時，猶太人不會只顧自己開心、快樂，他們也會想到其他需要幫助的人，例如沒有工作能力的老人或是家庭環境較差的人，並且會讓孩子為他們送去一些好吃的東西。當然，如果孩子太小，家長會陪同孩子一起去送。猶太家長們透過這種方式，教導孩子好東西要與人分享，特別是自己的勞動成果，從而培養孩子樂於分享的精神。

在慶祝收成的同時，猶太人不會只顧自己開心，也會想到其他需要幫助的人，並且會讓孩子為他們送去一些好吃的東西。透過這種方式，教導孩子好東西要與人分享。

與上帝立約的割禮

——孩子的成人禮，傳達父母的愛與期待

很多民族都有自己特別的習俗，讓孩子接受割禮就是猶太人的習俗之一。猶太人的孩子都必須經過這種成人禮。對於猶太父母來說，讓孩子接受這種成人禮，不僅表達了父母的愛，更意味著一種期待，期待孩子們健康地成長。

「真想親眼看一次啊！」孫莉一邊吃著晚餐，一邊嘆氣。

孟磊疑惑地看她一眼，問道：「看什麼？」

「割禮啊！不知道我這輩子能不能有幸看到？」

孟磊苦笑著搖搖頭，沒有再說話。孫莉待在以色列這段時間，嘴裡說的、心裡想的都是猶太人的風俗民情，大大小小的猶太節日一個都不放過。有這麼一個好學、好奇心重的老婆，不知道是不是一件好事……

過了幾天，孟磊一下班就迫不及待地收拾東西，匆匆忙忙地趕回家。

「孫莉，我要告訴妳一個好消息！」一進家門，他就大聲吆喝。

「怎麼了？你升官了？」孫莉抱著一本書，牽著兒子的手從房間裡走出來，「或是可以回國了？」

猶太男孩必經的儀式

「都不是！」孟磊抱起兒子轉了個圈，「嘿嘿……妳不是一直想參加割禮儀式嗎？」

「是啊……咦？難道……你同事的孩子要舉行割禮儀式了嗎？」

「對！玻爾家的親戚剛生了個男孩，明天就要舉行割禮儀式，玻爾邀請我們一起參加，我答應了，妳說這是不是好消息啊？」

「好消息，真是個好消息！我太高興了！」

第二天一早，孟磊和孫莉帶著兒子興匆匆地趕到玻爾家，然後眾人一起出門，前往附近的猶太會堂。那裡聚集了很多猶太人，做完早上的祈禱，等待大家到齊後，就開始割禮儀式。

猶太人一般是出生後的第八天行割禮，由嬰孩的父親領頭，大家先誦讀經書，然後由孩子的長輩抱著孩子坐等行禮師開始行禮。

孫莉不知道行禮師在嬰孩的身上塗了什麼藥，感覺只是一眨眼的工夫，行禮師手起刀落，整個割禮儀式就結束了。她忘記了呼吸，呆呆地看著孩子被父母抱起，依次接受眾人的祝福。

「孫莉，妳怎麼了？我們快過去祝賀一下吧。」

凱薩琳拉著她走到孩子和他的家人身邊。凱薩琳擁抱了孩子的母親一下，嘴裡說著祝福的話，孫莉這時候才回過神來，也連忙說了一些祝福的話。之後，眾人往玻爾的親戚家走去，那裡已經準備了豐富的美食。

「妳一直說想要親自體驗割禮儀式，今天參加之後有什麼感想啊？」

孫莉在品嘗美食的時候，孟磊走了過來，笑著問她。

孫莉想了想，壓低聲音對孟磊說：「一開始，感覺沒有想像中那麼神祕，後來舉行儀式的時候，大家都很嚴肅，而且每個人看起來都很虔誠，我才知道原來他們真的很重視割禮儀式！我不解的是，為什麼他們不覺得孩子很可憐，非讓孩子一出生就挨一刀不可呢？」

孫莉問完，正好看見凱薩琳，這才意識到自己似乎不太禮貌，於是趕緊道歉：「對不起，凱薩琳，我知道割禮對你們而言很神聖，只不過，為什麼不等孩子大一點，再讓他自己選擇要不要進行割禮呢？畢竟這關係到孩子的一生……」

「不，身為猶太男人，就必須進行割禮。」凱薩琳堅定地回答。

孟磊非常認真地說：「我剛才也問過玻爾同樣的問題，他告訴我，只有行過割禮的孩子，他的心靈才能與上帝結下契約，才能成為真正的猶太人。如果孩子不進行割禮，大家不僅不會承認孩子已長大成人，也可能不承認他的猶太身分。割禮在猶太人眼中，是履行與上帝的約定、確認猶太身分以及進入婚姻許可範圍的一種標誌。」

「因此，想要讓孩子擁有幸福生活的父母，一定會讓孩子一出生就接受割禮，這個儀式既表達了他們對孩子的愛，也表達了他們對孩子的期待，期待孩子在經過這樣的心靈洗禮後，有一個更美好的將來。」

愛與期待，讓孩子真正的長大

「原來是這樣啊！」孫莉笑道。

孫莉轉頭又和凱薩琳聊了起來，她邊聊邊想：原來這個儀式在猶太人的心目中這麼重要，看來她今天真的沒有白來。這次割禮讓她體會到了很多事情，對猶太民族又有了更深的瞭解。

《聖經》中記載，猶太人的祖先亞伯拉罕在九十九歲的時候行了割禮，與上帝結下了契約，從那之後，亞伯拉罕的子子孫孫都要在出生後的第八日接受割禮，重新與上帝立約，確定其猶太人的身分，開始信奉猶太教。

猶太父母認為，讓孩子接受割禮是對孩子心靈的洗禮，是讓孩子成為一個真正猶太人的神聖儀式。在猶太民族中，若是一個男子沒有接受過割禮，那麼不管他成長到七、八歲或是二、三十歲，猶太人都會把他當成孩子一樣看待。為什麼呢？因為沒有接受過割禮就不能與上帝立約，也無法進入婚姻許可的範圍，他的心靈無法成長為大人。

此外，孩子接受割禮也意味著猶太父母對孩子的愛，傳遞著一份期望孩子成長為男子漢的疼愛之情。

猶太父母認為，讓孩子接受割禮是對孩子心靈的洗禮，是讓孩子成為一個真正猶太人的神聖儀式。

哭牆下的成年禮

——讓孩子開始決定要走的路、為自己負責

當猶太男孩成長到十三歲時，他的父親或是家族裡其他男性成員就會陪伴著男孩，在哭牆舉行成年禮。成年禮後的男孩和父母享有一樣的宗教權利，可以自己決定未來要走的路，為自己所做的事情負全部的責任。

「天天，如果是你，會選哪一個呢？」

孟磊指著一本模型圖錄，歪著頭詢問天天。

天天皺起眉頭，看看這個模型很喜歡，看看那個模型也不錯，遲遲無法決定。

「我都喜歡……」

孫莉不知道他們在討論什麼，忍不住好奇地問：「兒子，你和爸爸在說什麼？」

「在幫以利亞和亞倫挑生日禮物啊！」小天天疑惑地看著她說，「前兩天爸爸有說，過幾天要去參加兩個哥哥的慶生會啊！」

「啊！我竟然忘了這麼重要的事！」孫莉一臉懊惱。

「快過來一起挑禮物吧！然後啊，告訴妳……那天會在哭牆舉行成年禮喔！」

「哇！真的嗎？太好了，又可以見識一下猶太人的重要儀式了！」

孫莉聽了開心地又叫又跳，把孟磊和小天天都嚇了一跳。

我也想要趕快長大

三天後，孫莉興奮地帶著兒子出門，先去了玻爾家，與他們會合後，一起趕往哭牆，為以利亞和亞倫舉行成年禮。

「咦，孟磊你看，還有很多孩子也在舉行成年禮呢，我們快過去看看吧。」

孫莉來到以色列後，第一次來到哭牆，遠遠地看著那高聳、滄桑的城牆，她的心情格外激動，真想馬上走到牆腳，默默進行神聖的祈禱。

「孫莉，妳得跟著凱薩琳，不能再跟我們進去了。」

往前走了一會兒後，孟磊伸手攔住她。

「為什麼我不能跟進去？」

「因為男女有別啊。」凱薩琳過來拉著她，朝向另一邊走去，「來吧，我們先去祈禱，然後再來觀看成年禮。」

凱薩琳在前，孫莉在後，兩人走到哭牆下，不一會兒就完成了祈禱。之後，她們走向一處欄杆，欄杆裡面是一堵牆，有不少父親陪著自己的兒子遊戲、祈禱。欄杆外圍了一圈又一圈的婦女，嘴裡不停地大聲說著，或欣喜，或淚流滿面，都在對步入成年的孩子們表達祝賀之情。

孫莉被這種氣氛感染，也尖聲叫嚷起來。這時凱薩琳在她手裡塞了一把糖果，對她說：

「孫莉，把糖果丟進去。」

「啊？為什麼？」孫莉不解地問道。

「慶祝我的孩子成年了，為他們歡呼、祈禱啊！」

凱薩琳笑得燦爛如花，看來今天這個日子對她來說真是意義非凡。

孫莉環顧四周，很多猶太母親都將手裡的糖果丟出去，慶祝自己的孩子成年，於是她也模仿她們的動作，一邊大聲喊著祝賀的話，一邊把手裡的糖果用力拋過欄杆。

「哇，媽媽丟糖果，媽媽丟糖果！」小天天很高興地喊道。

「天天，快長大吧！」丟完糖果，孫莉走到天天面前，拍拍他的頭說道。

「媽媽，等我長到哥哥們那麼大，也可以像他們一樣，來這裡丟糖果嗎？」小天天好奇地問，眼裡閃著興奮的光芒。

「當然可以！雖然我們不是猶太人，不過如果你想來，到時候媽媽一定帶你來！」

聽到她的回答，小天天高興地跳了起來，說道：「嗯，聽哥哥們說，從今天開始，他們就是大人了，以後要為自己說過的話和做過的事負責。我也想像哥哥們一樣，變成大人，也幫爸爸媽媽減輕家庭的負擔。」

「天天，你真是媽媽的好寶貝，真是個懂事的好孩子。」

孫莉感動得熱淚盈眶，緊緊抱住兒子。她從來沒想過，能從自己三歲的孩子口中聽到這些話，她覺得自己太幸福了。

猶太智慧教養56

孩子成年了，可以享受權利，也要承擔責任

回家的路上，孫莉感慨萬千。看來真的應該帶孩子多參加一些活動，尤其是像今天這種只能親自體會、難以言喻的活動，不僅能讓孩子多瞭解一些異域風情，開闊他的眼界，更能讓他有所感悟，明白更多做人做事的道理！

哭牆是以色列國魂的象徵，猶太教會更是把哭牆看成第一聖地，教徒們會定期在哭牆下哭泣和禱告，哀悼往昔，期待未來。

鮮為人知的是，如今哭牆還肩負另一個使命：為孩子的成年禮做見證。當猶太男孩成長到十三歲時，他的父親或是家族裡其他男性成員就會陪伴著男孩，在哭牆舉行成年禮。

在成年禮後，猶太父母承認男孩在宗教意義上已經成年，可以自己決定未來要走的路，為自己所做的事情負全部的責任。

在以色列，成年禮後的男孩和父母享有一樣的宗教權利，同時也必須擔起應該負的神聖責任。愉快的儀式中，蘊藏著深刻的含義。

在成年禮後，猶太父母承認男孩在宗教意義上已經成年，可以自己決定未來要走的路，為自己所做的事情負全部的責任。

教出守信用、能分享、
會理財的好孩子

野人家96

作　　者　孫玉梅
策　　畫　愛立方專家顧問團

野人文化股份有限公司		讀書共和國出版集團	
社　　長	張瑩瑩	社長	郭重興
總 編 輯	蔡麗真	發行人兼出版總監	曾大福
責任編輯	李依蒨	業務平臺總經理	李雪麗
協力編輯	楊惠琪	業務平臺副總經理	李復民
行銷企劃	林麗紅	實體通路協理	林詩富
封面設計	周家瑤	網路暨海外通路協理	張鑫峰
內頁排版	洪素貞	特販通路協理	陳綺瑩
		印務	黃禮賢、李孟儒

出　　版　野人文化股份有限公司
發　　行　遠足文化事業股份有限公司
地址：231新北市新店區民權路108-2號9樓
電話：（02）2218-1417　傳真：（02）8667-1065
電子信箱：service@bookrep.com.tw
網址：www.bookrep.com.tw
郵撥帳號：19504465遠足文化事業股份有限公司
客服專線：0800-221-029
法律顧問　華洋法律事務所　蘇文生律師
印　　製　成陽印刷股份有限公司
初　　版　2012年04月
二　　版　2018年05月
二版4刷　2020年08月

歡迎團體訂購，另有優惠，請洽業務部（02）22181417分機1124、1135

國家圖書館出版品預行編目資料

猶太媽媽這樣教思考：教出守信用、能分享、會理財的好孩子 / 孫玉梅, 愛立方專家顧問團策畫. -- 二版. -- 新北市：野人文化出版：遠足文化發行, 2018.06
面；　公分. -- (野人家；96)
ISBN 978-986-384-284-2(平裝)

1.親職教育 2.子女教育

528.2　　107007651

原書名：《Wow！原來猶太媽媽這樣教孩子》
作者：孫玉梅
中文繁體字版©《猶太媽媽這樣教思考：教出守信用、能分享、會理財的好孩子》2012，2018年，本書由北京讀品聯合文化傳媒有限公司正式授權，經廈門墨客知識產權代理有限公司代理，同意由野人文化有限公司出版中文繁體字版本。非經書面同意，不得以任何形式任意重製、轉載。

野人文化
官方網頁

野人文化
讀者回函

猶太媽媽這樣教思考

線上讀者回函專用 QR CODE，你的寶貴意見，將是我們進步的最大動力。

野人文化
讀者回函卡

野人

姓 名 □女 □男 年齡

地 址

電 話 公 宅 手機

Email

學 歷 □國中(含以下) □高中職 □大專 □研究所以上
職 業 □生產/製造 □金融/商業 □傳播/廣告 □軍警/公務員
□教育/文化 □旅遊/運輸 □醫療/保健 □仲介/服務
□學生 □自由/家管 □其他

◆你從何處知道此書？
□書店 □書訊 □書評 □報紙 □廣播 □電視 □網路
□廣告DM □親友介紹 □其他

◆你以何種方式購買本書？
□誠品書店 □誠品網路書店 □金石堂書店 □金石堂網路書店
□博客來網路書店 □其他＿＿＿＿＿＿＿＿

◆你的閱讀習慣：
□百科 □生態 □文學 □藝術 □社會科學 □地理地圖
□民俗采風 □休閒生活 □圖鑑 □歷史 □建築 □傳記
□自然科學 □戲劇舞蹈 □宗教哲學 □其他

◆你對本書的評價：（請填代號，1. 非常滿意 2. 滿意 3. 尚可 4. 待改進）
書名＿＿＿封面設計＿＿＿版面編排＿＿＿印刷＿＿＿內容＿＿＿
整體評價＿＿＿

◆你對本書的建議：

廣　告　回　函
板橋郵政管理局登記證
板橋廣字第143號

郵資已付　免貼郵票

23141
新北市新店區民權路108-2號9樓
野人文化股份有限公司 收

請沿線撕下對折寄回

書號：0NFL4096